Pirkei Avoth

Si este libro le ha interesado y desea que lo mantengamos informado
de nuestras publicaciones, escríbanos indicándonos qué temas son de su interés
(Astrología, Autoayuda, Ciencias Ocultas, Artes Marciales, Naturismo,
Espiritualidad, Tradición...) y gustosamente lo complaceremos.
Puede consultar nuestro catálogo en www.edicionesobelisco.com

Colección Biblioteca Esotérica
PIRKEI AVOTH

1ª edición: junio de 2008

Título original: *Pirkei Avoth*

Presentación, traducción y notas: *Juli Peradejordi*
Maquetación: *Marta Rovira*
Diseño de cubierta: *Enrique Iborra*

© 2008, Julio Peradejordi
(Reservados todos los derechos)
© 2008, Ediciones Obelisco, S. L.
(Reservados los derechos para la presente edición)

Edita: Ediciones Obelisco S. L.
Pere IV, 78 (Edif. Pedro IV) 3.ª planta 5.ª puerta
08005 Barcelona-España
Tel. 93 309 85 25 - Fax 93 309 85 23
Paracas 59 Buenos Aires
C1275AFA República Argentina
Tel. (541 -14) 305 06 33 Fax (541 -14) 304 78 20
E-mail: obelisco@edicionesobelisco.com

ISBN: 978-84-9777-302-7
Depósito Legal: B-24.784-2008

Printed in Spain

Impreso en España en los talleres gráficos de Romanyà/Valls S.A.
Verdaguer, 1 – 08786 Capellades (Barcelona)

Ninguna parte de esta publicación, incluido el diseño de la cubierta,
puede ser reproducida, almacenada, transmitida o utilizada en manera alguna
por ningún medio, ya sea electrónico, químico, mecánico, de grabación
o electrográfico, sin el previo consentimiento por escrito del editor.

Presentación

Existen muchas traducciones de los *Pirkei Avoth*, puede que sea la parte de la *Mishnah* más traducida y difundida, lo cual nos lleva a preguntarnos por qué una nueva versión. Esta pregunta se hace todavía más oportuna si pensamos que carecemos de la preparación y de la autoridad con la que cuentan o contaron la mayoría de nuestros predecesores. Los *Pirkei Avoth* no son un libro de historia, pertenecen a la *Mishnah* y su objetivo, tal y como lo señala el mismo Talmud en el tratado de *Bava Kama* (30 a) es «enseñarnos una conducta piadosa». Ello ha hecho que muchas traducciones, la mayoría, hagan hincapié en el contenido de los *Pirkei* como normas de ética y de moral. Esta nueva versión intenta, sobre todo a partir del texto ladino a la vista, pero apoyándonos cuando lo hemos necesitado en el hebreo y en los comentadores clásicos, ofrecer una visión más esotérica de los *Pirkei Avoth*, una visión acorde con la filosofía de la colección en la que los publicamos.

Los *Pirkei Avoth* comienzan diciéndonos algo tan enorme como que «para todo Israel hay parte en el mundo por venir». De ahí que intentemos ahondar, en la medida de lo posible, en su sentido esotérico. Si bien sus enseñanzas, desde el punto de vista exotérico, de este mundo, son impresionantes y de una importancia extrema para el desarrollo ético y moral, creemos que no se puede desdeñar este otro punto de vista, del cual por otra parte nos están hablando todo el rato: el del verdadero destino del hombre: el del mundo por venir. Y es que hay un paralelismo entre este mundo y el mundo por venir que hace que las cosas de este mundo muchas veces puedan servir de símbolos de las del otro. Como dice el *Perek* IV-21, «este mundo se asemeja a la antesala del mundo por venir». Estamos en la antesala y en ella nos jugamos nuestro destino, pero no hemos de olvidar que no hemos nacido para vivir eternamente en la antesala, sino para entrar en el palacio del Rey.

Este mundo es Egipto; el mundo por venir es Israel. Este mundo es estrechez y angustia, el mundo por venir es rectitud y comunión con lo divino.

Los *Pirkei Avoth* nos proponen precisamente un camino de rectitud moral, pero vemos que esta rectitud, si profundizamos en el concepto, es sobre todo algo más. Numerosos son los símbolos que nos hablan de ella: la columna, la palmera, el cedro, etc… La palmera y el cedro comparten una particularidad: su derechura, su elevación. Parece que lo único que buscan es elevarse. En ello se parecen ciertamente al justo, que el salmista compara con la palmera y con el cedro del Líbano.

En textos místicos se ha asociado a la palmera con la columna vertebral. También se ha dicho que, a diferencia de otros árboles, la palmera crece desde dentro, desde su corazón, y que éste nunca se pudre. Podemos, pues, comparar el corazón de la palmera con cierto hueso de la columna vertebral llamado *Luz*, un hueso indestructible, donde se halla, según los escritos de los cabalistas, el principio de la resurrección.

La primera vez que el texto bíblico empleará la palabra «Israel» es en *Génesis* XXXII-28 cuando Jacob vence al ángel y recibe este nuevo nombre. Mucho se ha escrito a propósito de qué o quién es Israel, el verdadero Israel, el *verus Israel*. No vamos a entrar en este polémico tema. Señalaremos únicamente que en la etimología de Israel (ישראל) detectamos la idea de rectitud ya que podemos dividir esta palabra en *Iashar* (ישר) y *El* (אל). Hay, pues, una relación íntima entre la rectitud, Israel y el mundo por venir.

A algún lector poco familiarizado con este tipo de textos puede llamar la atención el modo en que se exponen las enseñanzas de los grandes rabinos. Cuando nos dice que «Rabbí tal solía decir» no es que el Sabio en cuestión dijera constantemente la frase que se le adjudica, sino que en las palabras que se le atribuyen se halla la esencia misma de su enseñanza.

Nos encontramos ante enseñanzas muy condensadas que hablan más al alma que al intelecto. Se trata de sabiduría increíblemente concentrada que exige más que una lectura superficial y requiere ser meditada en lo profundo del corazón. Se ha dicho que este libro tiene propiedades invisibles, extraordinarias, incluso curativas. En realidad si de algún modo las tiene es sencillamente porque está impregnado del espíritu de la *Torah*, elixir de vida.

El título de este libro, *Pirkei Avoth*, ha sido también objeto de numerosas traducciones e interpretaciones. Podemos traducir la palabra *Avoth* por «Padres», «Maestros», «Antepasados» o «Patriarcas». *Pirkei* proviene de *Perek* (פרק) que significa «capítulo». Los seis capítulos que conforman esta pequeña joya, como los seis días de la semana, son una preparación en la antesala que es este mundo para el Shabat de los Shabats que es el mundo por venir. Han acompañado al pueblo judío en su diáspora como un bastón en el que apoyarse, un bastón ejemplo de rectitud, custodio de la luminosa sabiduría de los Padres.

JULI PERADEJORDI

0.

Todo Yisrael[1] ay a eyos parte en el mundo el vinién, ke ansi dize el pazuk:[2] «I tu puevlo, todos eyos djustos, para syempre eredarán tierra, rama de Mis plantas, echa de Mis manos, para ser afirmuziguado».

Para todo Israel hay parte en el mundo por venir,[3] pues según dice el versículo: «Y tu pueblo todos ellos justos, para siempre heredarán tierra, ramo de mis plantas, obra de mis manos, para glorificarme.»[4]

---

1. Aunque este *perek* no forma parte de los *Pirkei Avoth*, se acostumbra a recitar al principio de cada capítulo, lo cual le confiere un interés especial.
   Comienza diciéndonos algo de suma importancia: para todo Israel hay parte en el mundo por venir. El tema del mundo por venir habrá que tenerlo, pues, particularmente en cuenta a lo largo de todo el libro.
   La primera vez que el texto bíblico emplea la palabra «Israel» es en *Génesis* XXXII-28: «Y dixo no Iahacob, sera dicho más tu nombre, que salvo Israel, que mayorgaste con Ángeles, y con varones, y pudiste». Las versiones modernas traducen así: «no te llamarás ya en adelante Jacob, sino Israel, pues has luchado con Dios y con los hombres y has vencido».
   Jacob acaba de pasar por la experiencia cumbre que puede tener un ser humano. Vio a Dios cara a cara sin morir. Por eso llamó al lugar *Panuel*, «faz de Dios». Hay quien ve en el nombre de Israel a *Ish* (hombre) *Roeh* (ver) *El* (Dios).
   Es lícito pensar que si Jacob representa al hombre antes de esta experiencia, Israel se refiere a cuando la ha vivido y ha salido victorioso.
   Jacob se relaciona con el «talón», aludiendo a lo más bajo del ser humano, mientras que Israel es asociado por los cabalistas con la mitad superior del hombre. Jacob es el hombre sometido al destino, mientras que Israel está fuera de él. «No hay destino para Israel», dice un proverbio de origen talmúdico.
   En *Salmos* CXXIII-1 leemos que «bueno a Israel Dios: a claros de corazón» que podríamos interpretar como que Dios es bueno con Israel y con los claros (o los puros) de corazón, aunque sean de otras naciones, o incluso que el término Israel se refiere a los puros de corazón.
   Por otra parte, en el Talmud de Babilonia (tratado de *Sanhedrín*) se señala que «los píos de todas las naciones tienen parte en el mundo por venir».
2. Del hebreo, *pasuk*, versículo.
3. El mundo por venir, traducción de «el mundo el vinién» ladino, es el *Olam habba* hebreo. De hecho, como escribe Rabbí Moshé Luzzatto en su *Derej Hashem* II-4, «en el mundo venidero no existirán otras naciones sino Israel».

1.

Moshé resivió Ley de Sinay i entrególa a Yeoshúa; Yeoshúa a los Viejos, i los Viejos a los Profetas, i los Profetas la entregaron a varones de el Apanyamiento el Grande. Eyos disheron tres kozas: seed detenidos en el djuisyo i azed estar talmidim munchos, i azed vayado a la Ley.

Moisés recibió[5] la Ley del Sinaí y la entregó a Josué. Josué a los Ancianos y los Ancianos a los Profetas, y los Profetas la entregaron a los hombres de la Gran Sinagoga. Dijeron tres cosas: sed prudentes en vuestros juicios, formad muchos discípulos y proteged la Ley.[6]

---

5. En hebreo *kibbel*, de la misma raíz que la palabra «cábala». La cábala es, pues, la recepción del don de la *Torah*, de la Ley.
6. Literalmente «haced un cerco en torno a la ley». Este cerco se referiría según algunas escuelas a los preceptos y reglamentos rabínicos, aunque también podría referirse a la vocalización (*véase Perek* III-17) que fija el sentido del texto. *Seiag*, סיג, «cerco», vale en guematria 73, igual que חכמה, «sabiduría». Algunos rabinos comentan este particular explicando que si tenemos una gran joya, la protegemos con todos nuestros medios. Tanto más hemos de hacer con la *Torah*, con la cual, dicen los sabios, no podría compararse ni la más bella de las joyas.

2.

Shimon el Djusto era de romanisido de el Apanyamyento el Grande. El era dizyen: sobre tres cosas el mundo se sostyene: sovre la Ley i sovre el sirvisyo i sovre gualadronamyento de mersedes.

Simón el Justo fue uno de los postreros miembros de la Gran Asamblea. Solía decir: «El mundo se sostiene sobre tres cosas[7]: sobre la Ley, sobre el culto y sobre el ejercicio de la benevolencia.»

7. ¿Por qué sobre tres cosas?
Explicando que el mundo reposa sobre tres cosas, el Maharal de Praga nos dice que son el agua, el aire y el fuego. El agua es un elemento que baja, que desciende: se ocupa de los que están abajo reportándoles beneficios. Simboliza el ocuparse de los demás, el ejercicio de la caridad. *Ruaj*, el viento, es algo que se propaga por todas partes, como la *Torah*. El fuego tiende a elevarse, como la *Avodah*, el culto, que nos eleva y que nos acerca al Altísimo. Estas tres cosas son los tres canales por los que pasan las bendiciones que Dios concede. El agua cae de arriba abajo, y la benevolencia (*mersedes*) consiste en ocuparse de los que ocupan una posición inferior a nosotros. El aire o el espíritu «sopla donde quiere», como la *Torah*. El Fuego tiende a elevarse, como la *Avodah* o Culto tiende a elevarse hacia el Creador. Además, los sacrificios de la *Avodah* son llamados «fuegos».

Estos tres canales pueden relacionarse también con los tres Patriarcas: Abraham, Isaac y Jacob. El *Midrash* dice de ellos que son como los tres pies de una mesa, todos ellos necesarios para que se mantenga de pie. Para que una mesa se sostenga, ha de tener al menos tres pies, si no, no puede estar en equilibrio.

La palabra «servisyo», que traducimos por «culto», es en hebreo *Avodah*: «trabajo, obra, liturgia». No se trata tanto del trabajo profano de este mundo como del trabajo sagrado en vistas al mundo por venir.

En el fondo estas tres cosas se refieren a lo mismo: el estudio de la *Torah*, que es el único trabajo que no desaparece en el momento de la muerte ni nos liga a ella. Este estudio es, a fin de cuentas, la mejor manera de ser caritativo con aquello que está simbolizado por «el pobre». Es un estudio que, lejos de instalarnos en este mundo, nos eleva hacia el mundo por venir. *Véase también Eclesiastés* IV-12: «la cuerda de tres hilos no es fácil de romper».

3.

Antignos, varon de Soho, resivyo de Shimon el Djusto. El era dizyen: non seash komo los syervos los ke syerven a el sinyor sovre entisyon por resivir salaryo, salvo seed komo los syervos los ke syerven a el sinyor ke non sovre entisyon por resivir salaryo. El sea temor de el Kriador sovre vos.

Antignos de Soco recibió la tradición de Simón el Justo. Solía decir: «No seáis como los criados que sirven a su señor únicamente por recibir su salario;[8] sed más bien como los criados que sirven a su señor sin esperar recompensa.[9] Y que el temor del Creador[10] esté sobre vosotros.»

---

8. El texto hebreo utiliza la palabra *peras*, que significa «premio» «gratificación», «la mitad de un pan». Comparte raíz con un verbo que quiere decir partir por dos. Se podría relacionar a *peras* con el *symbolon* griego o, dentro las ideas de la cábala, con la «mitad» que nos falta para ser completos.
9. Bien podríamos glosar «sin esperar recompensa» en este mundo, porque la reservamos para el mundo por venir.
10. El «temor de Dios» es una noción bien difícil de comprender, sin duda porque se trata más de una experiencia que de un concepto. Una comprensión literal puede confundirlo con el miedo, pero parece estar más cerca de lo que conocemos como «respeto» o «reverencia».
   מורא *Morah*, «temor», procede de una raíz que significa «cambiar, remplazar, sustituir», pero también «hacer temblar» y «convertir».

4.

Yosé ijo de Yoézer, de Tzeredá, i Yosé ijo de Yohanán, varón de Yerushalayim, resivyeron de ellos. Yosé ijo de Yoézer, varón de Tzeredá: dizyen: Sea tu caza, caza aplazada para los savyos, i see espolvorean en polvo de sus pies, i see bevyen con la sed a sus palavras.

José, hijo de Yoezer, hombre de Zeredah, y José, hijo de Yohanán, hombre de Jerusalén, recibieron (la tradición) de ellos. José, hijo de Yoezer, hombre de Zeredah solía decir: «Sea tu casa lugar de reunión para los sabios,[11] camina tras el polvo de sus pies y bebe de sus palabras con sed.»

---

11. Podemos pensar que este consejo es imposible de cumplir, ya sea porque en nuestro entorno o en la época que nos ha tocado vivir no hay sabios, pero sin duda podemos hacer de nuestra casa, o si lo preferimos, de nuestra alma, «lugar de reunión para los sabios» estudiando sus palabras. Los sabios nos han dejado sus libros, que son sus huellas; a través de ellos podemos beber su sabiduría. Además, los verdaderos sabios siempre están vivos, incluso si ya han dejado este mundo.

5.

Yosé ijo de Yohanán, varón de Yerushalayim, dizyen: Sea tu caza avierta a el espasyo i sean omildes, varones de tu caza; i non munchigues ávla kon la mujer; kon su mujer disheron kuanto mas, y kuanto mas kon mujer de su companyero. De aki disheron Hahamim: todo el que manchigua avla kon la mujer akarrea mal para si mezmo, i baldase de palavras de ley, i su fin ereda Gueinam.

José, hijo de Yohanán, hombre de Jerusalén, solía decir. «Que tu casa esté bien abierta y que los humildes la frecuenten.[12] No hables demasiado con las mujeres, incluso con tu propia mujer y más aún con la mujer de tu amigo. Por eso dicen los Sabios: «Quien mucho habla con mujeres se acarrea mal a sí mismo, descuida (el estudio de) las palabras de la Ley y al final hereda el Gehenon.»[13]

---

12. Recordando quizás a la tienda de Abraham, abierta a los cuatro vientos, y frecuentada por los ángeles (humildes). Los «humildes» también puede referirse a los Sabios en *Torah*. Moisés, que era el más humilde de los hombres, era también el que tenía más *Torah*. Se dice también que Job hizo en su casa cuatro puertas para que los pobres pudieran entrar directamente sin tener que dar un rodeo.
13. *Gehenon*, que generalmente se traduce por «infierno» es un término que aparece en *Jeremías* XXXII-35. Era un valle donde los paganos realizaban sacrificios humanos.

6.

Yeoshúa, ijo de Perahiá y Nitay el Arbli recivyeron de eyos. Yeoshúa, ijo de Perahiá, dizen: az a ti ribi i compra a ti haver i see djuzgan a todo ombre a parte buena.

Josué, hijo de Peraiá, y Nitai, el de Arbela, recibieron (la tradición) de ellos. Jesús, hijo de Peraiá solía decir: «Consigue un maestro y hazte con un amigo,[14] y juzga a todos los hombres de acuerdo con su parte buena.»[15]

---

14. Para estudiar la *Torah*, se sobrentiende. Como a veces no es tan fácil encontrar un compañero de estudios, los cabalistas hacen un juego de palabras y en vez de «hazte con un amigo» leen «hazte con un lápiz», que en hebreo se escribe de un modo parecido. Ello se refiere al trabajo que podemos realizar tomando notas y apuntes de nuestro estudio de las palabras de los sabios.
15. Si tradicionalmente siempre se recomienda no juzgar, ¿por qué aquí se nos exhorta a «juzgar a todos los hombres de acuerdo con una parte buena»? Sin duda «a todos» para no hacer distinción. Hacerlo en base a «su parte buena» sirve para darle fuerza, para fortalecer «la buena inclinación». Por otra parte, nuestro propio juicio tendrá mucho que ver con nuestros juicios, por lo cual resulta conveniente desarrollar la misericordia en nosotros. Está dicho que el hombre es juzgado «midah keneged midah», o sea en la misma medida en que él juzga. Rabbi Moshé Luzzatto, en su *Derej Hashem* II-2, insiste en que «incluso en un mismo hombre encontramos aspectos buenos y aspectos malos» y «considerar sólo una parte de los mismos y no la totalidad, aún si se tratase de la mayoría, no sería un juicio correcto, pues un juicio apropiado implica que se juzguen la totalidad de las acciones del hombre». Considerando lo bueno y obviando lo malo, debilitamos lo malo y hacemos crecer lo bueno.

7.

Nitay el Arbeli dizyen: aléshate de vizino malo i non te adjuntes kon el malo, i non te desfeuzyes de los males.

Nitai, el de Arbela, solía decir: «Aléjate del mal vecino[16] y no te juntes[17] con el malvado, y no pierdas la fe en los males.»[18]

---

16. El mal vecino, como el malvado, representa a la mala inclinación. «Alejarse del mal vecino» es «acercarse del buen vecino», lo cual nos lleva hacia la presencia divina.
17. La santidad *Kedushah* consiste precisamente en «estar separado».
18. O sea, ten fe porque que al final todo el mundo recibe su merecido.

8.

Yeuda, ijo de Tabay, y Shimon, ijo de Shatah resivyeron de eyos. Yeuda, ijo de Tabay, dizyen: Non agas a ti mezmo komo ordenantes de los djuezes; i kuando seran duenyos de djuisyos estantes delantre de ti, sean kondenados. i kuando se espartan de delante de ti, sean en tus ojos komo limpyos, kuando resivyeron sobre eyos a el djuisyo.

Yehudá, hijo de Tabai y Simón, hijo de Shataj, recibieron (la tradición) de ellos. Yehudá, hijo de Tabai, solía decir: «No te comportes como los abogados[19] y cuando las dos partes de un juicio estén en tu presencia míralas como culpables y cuando se aparten de ti, míralos como limpios de culpa cuando hayan recibido el fallo».

---

19. Literalmente «los que influyen sobre los jueces». Se han de mirar como culpables a ambas partes porque cualquiera de las dos puede estar mintiendo.

9.

Shimón, ijo de Shatah, dizyen: seed muchiguán por pishkirir a los testiguos, y sé akavidado en tus palabras, kisas de entre eyas embezaran por falsar.

Simón, hijo de Shataj, solía decir: «Sed cuidadosos interrogando a los testigos y sé sopesado en tus palabras, no sea que encuentren en ellas base para mentir».

10.

Shemayá y Avtalyón resivyeron de eyos. Shemayá dizyen: ama a la ovra y aborese a el sinyoriyo, i no te agas konoser a la lesensya.

Shemayá y Abtalión recibieron (la tradición) de ellos. Shemayá solía decir: «Ama el trabajo y aborrece el mando, y no te hagas conocer por los que detentan el poder.»

11.

Avtalyón dizyen: savyos seed akavidados en vuestras palavras, kisas serédesh ovligados ovligasyon de kativeryo, i serédesh kativados a lugares de aguas las malas, i beveran los talmidim los vinyentes despues de vos, i morirán, i se topa Nombre de el Kriador ezbivlado.

Abtalión solía decir: «Sabios, sed sopesados con vuestras palabras, no sea que seáis obligados al cautiverio y seáis cautivos en lugares donde las aguas[20] sean impuras y vuestros discípulos que vengan detrás de vosotros beban de ellas y mueran y sea profanado el Nombre del Creador.

---

20. El término ladino *kativeryo* corresponde a la noción de exilio. Las aguas impuras se refieren a las enseñanzas que no son correctas, que no son *Torah*. Aquellos que beben de ellas no hallarán vida.

12.

Ilel i Shamay resivyeron de eyos. Ilel dizyen: Seed de sus talmidim de Aaron; aman paz i presigyén paz; aman a las kriaturas i ayeganlas a la Ley.

Hilel y Shamay recibieron (la tradición) de ellos. Hilel solía decir: «Sed como los discípulos de Aarón:[21] ama la paz y persigue la paz;[22] ama a las criaturas y acércalas a la Ley».[23]

---

21. No sólo amaba la paz, sino que ejercía de pacificador y de mediador entre aquellos que estaban enemistados. Si bien no todos podemos alcanzar el nivel de Aarón, sí podemos convertirnos en sus discípulos intentando emular una actitud.

    Se ha comentado que Aarón podía poner en paz a los demás porque estaba en paz consigo mismo. Recordemos que la paz no es un simple estado de ánimo, como por ejemplo la tranquilidad. La paz, *Shalom*, es un nombre de Dios, un atributo divino.

    Los *Avoth de Rabbi Nathan* (XII-2), nos muestran cuánta era la preocupación de Aarón por la paz, pues saludaba incluso a los malvados y a los impíos, predicando siempre con el ejemplo.

22. En hebreo *rodef shalom* significa «perseguidor de la paz». Sin embargo, en la raíz *rodef* hay una noción de violencia, de actividad. En cierto modo hay que «luchar» por la paz, por paradójico que parezca. Es la lucha contra el *Ietser haRa*, la mala inclinación, la lucha de Jacob contra el ángel.

23. Sin duda, acercar a alguien a la *Torah* sea la mayor muestra de amor en este mundo.

13.

El era dizyen: el ke sonmereye nombre, se le depyedre su nombre; i el ke non anyade se taje i el ke non deprende, muerte merese; i el ke se syerve kon Korona de la Ley, se taje.

Solía decir: «El que busca renombre, se le pierde su nombre y el que no aumenta su saber lo disminuye, y el que no aprende, merece la muerte y el que hace mundanal uso de la Corona de la Ley,[24] destinado está a la ruina.»

---

24. Podría referirse al Nombre Sagrado de 42 letras que según el Talmud (*Kidushin* 71 a) proporciona a aquel que lo conoce ser «amado en el cielo y estimado en la Tierra» y «hereda de este mundo y del mundo por venir». Este nombre es llamado *Shem Mab*, el Nombre de Mab (מב = 42) y aparece en la famosa plegaria *Anna Bejoaj* de Rabbí Nejoniah ben Hakanah, compuesta por siete frases de seis palabras cada una.

En su *Derej haShem* (III-3), rabbí Moshé Luzzatto escribe que «no es digno ni correcto que un ser humano utilice el cetro Real; sobre esto dijeron Nuestros Sabios, de Bendita memoria, «quien utilice la Corona será exterminado» (*Avoth* I-13). Este accionar les es permitido exclusivamente a quienes se hallan en un estado de elevación espiritual que los lleva a la cercanía de Dios y se apegan a Él, y entonces podrán hacer uso de este método para todo aquello que genere santificación del Nombre Divino y cumplimiento de Su Voluntad, en la forma que sea.»

Véase también el Apéndice al Zohar, vol. I, *El nombre de cuarenta y dos letras*, pág. 329 a 339, Ediciones Obelisco, Barcelona, 2006.

14.

El era dizyen: si non yo para mi, ken para mi? i kuando yo para mi mezmo, ke yo? i si non agora, kuando?

Solía decir: «Si yo no por mí, ¿quién para mí? Y si yo por mí, ¿qué valgo? Y si no es ahora, ¿cuándo?»[25]

---

25. Podemos parafrasear: «si yo no estudio *Torah* para mí, ¿quién lo hará por mí?», «si sólo estudio *Torah* para mí mismo, egoístamente, ¿de qué vale este estudio y qué vale mi persona?» y «si no estudio *Torah* ahora que estoy vivo y puedo hacerlo, ¿cuándo lo voy a hacer?» Si seguimos el texto hebreo, nos encontramos con una enseñanza sorprendente: «Si no soy para mí» (si me borro, si supero mi ego), «Quién», en hebreo מי, *Mi*, será para mí. מי tiene un valor numérico de 50, y en el *Zohar* (1 b) representa a aquel límite del cielo a partir del cual todo toma consistencia. *Mi* (¿Quién?) מי unido a *Eleh* (Eso) אלה forma el nombre de Dios *Elohim*. El *Zohar* también relaciona al número 50 con *haAdam* (האדם), «el hombre».

15.

Shamay dizyen: az tu Ley asitiguada; avla poko i az muncho, y see resivyen a todo ombre kon resivimyento de fases ermosas.

Shamai solía decir: «Haz de tu Ley algo estable.[26] Habla poco[27] y obra mucho y recibe a todos los hombres[28] con buena cara.»[29]

---

26. O sea haz de tu estudio de la *Torah* algo fijo, de «asitiguar», poner un seto, un cerco. *Véase Pirkei Avoth*-I, nota. Desde otro punto de vista, podríamos interpretar que el estudiante ha de «fijar» su estudio por medio del repaso constante, pues estudiar sin repasar es como plantar sin cosechar. De ello aprendemos que en el repaso ya estamos cosechando. Afirman los sabios que un camino se hace después de caminar muchas veces por el mismo lugar.
27. *Véase Pirkei Avoth* 1.17
28. Como Abraham que recibió a los tres ángeles y acogía a todo el que acudía a su tienda.
29. En otras versiones «con buena cara». Cuenta el Talmud (*Berajoth* 17 a) que Abaie solía decir que el hombre siempre tiene que ingeniarse en su temor de Dios porque «la blanda respuesta quita la ira» (*Proverbios* XV-1). Ha de decir palabras de paz a sus hermanos, parientes, a todos los hombres, incluso a los paganos con los que se cruza por la calle, a fin de que lo quieran en los cielos y lo aprecien aquí abajo» *Véase también Pirkei Avoth* III-16.

16.

Raban Gamliel dizyen: az a ti Ribi i tirate de la duvda, i non munchigues por dyezmar omideamyentos.

Rabán Gamaliel solía decir: «Hazte con un maestro,[30] despeja las dudas y no multipliques pagando el diezmo aproximadamente.»[31]

---

30. Para poder consultarle y aprender *Torah* de él. En el mundo profano se suele considerar que la duda es algo bueno pues hace que nos cuestionemos las cosas. En la Cábala, la duda (*Safek*) se asocia a Amalec, pues ambas palabras tienen la misma guematria (240). La duda es lo contrario de la certeza, es extravío, desconexión. El papel del maestro consiste en ayudarnos a disipar las dudas. Otra palabra cuyo valor numerico también es 240 es *Petsa*, «herida». Así, la duda es como una herida en nuestra consciencia. Amalec nos evoca a la serpiente, que fue quien infundió la duda y provocó la desconexión y el exilio de nuestros primeros padres.
31. Lo cual se puede interpretar como «no dés más de lo que te corresponde», pero también como «no te hagas rico a base de engañar pagando menos diezmo del que te corresponde».

17.

Shimon, su ijo, dizyen: todos mis dias me krii entre los savyos i non topi para el puerpo mijor, salvo ke el kayar; i no el meldar es el ikar salvo la echa, i todo el ke munchingua palavras, sontraye pekado.

Simón, su hijo, solía decir: «Todos mis días me crié entre sabios y nada hallé mejor para el cuerpo que el silencio.[32] Lo esencial no es el estudio, sino la obra,[33] y todo el que abunda en palabras contrae pecado.»

---

32. Sin duda porque, como dicen los sabios, «el silencio es el cerco de la sabiduría». No deja de ser curiosa la guematria de *Shetikah*, «silencio», 815, que coincide con la de *Shnei Lujoth*, «dos tablas», alusión a la *Torah*. De aquí se puede deducir también que las palabras que pronunciamos tienen un efecto constatable sobre nuestro cuerpo físico, de ahí por ejemplo las enfermedades derivadas de la maledicencia.
33. En hebreo *Maasé*. Los cabalistas destacan dos obras: *Maasé Bereshit* y *Maasé Merkabah*. La Obra de la Creación y la Obra del Carro. El estudio es previo a la obra. Por otra parte, lo que permite que «fijemos» nuestro estudio es precisamente ponerlo en práctica.

18.

Raban Shimon, ijo de Gamlijel, dizyen: sovre tres kozas el mundo se sostiene: sovre el din i sovre la verdad i sovre la paz, ke ansí, dize el pasuk: verdad i djuisyo i paz djuzgad en vuestras sivdades.

Ribi Hananyá, ijo de Akashya, dizyen: enveluntó el Santo bindicho El para dar zehut a Yisrael; por esto munchiguo a eyos. Ley y enkomendansas, ke ansí dize el pasuk: Adonay enveluntó por su djustedad, engrandeser la Ley i enfortaserla.

Rabán Simeón, hijo de Gamaliel, solía decir: «el mundo se sostiene sobre tres cosas, sobre la justicia, sobre la verdad y sobre la paz porque así dice el versículo:[4] «Juzgad en vuestras ciudades con verdad, justicia y paz.»

Rabbí Ananías, hijo de Akashya, solía decir: «El Santo, Bendito sea, deseó dar méritos a Israel por lo cual les dio una Ley y muchos mandamientos, por lo que dice el versículo:[35] «EL Eterno se complace, por su justicia, en engrandecer la Ley y fortalecerla.»

---

34. *Véase* Zacarías VIII-16.
35. *Véase* Isaías XLII-21. Observemos que recalca que es «una» Ley, no dos, sin duda porque *Torah* escrita y *Torah* oral son Una. Al hablar de «muchos mandamientos» se alude a los 613 preceptos. Podemos reducir este número a 10 (6+1+3=10) y después a 1 (1+0=1), pues de algún modo los 613 preceptos pueden reducirse a 1, el famoso «buscadme y vivid» de *Amós* V-4 que Rabbí Nahman interpretaba como «buscadme en la *Torah*».

Capítulo II

1.

Ribi dizyen: Kual esta eya karera derecha ke deve de eskojer para el, el ombre: toda ke eya ermozura para su azedor y ermozura a el, de el ombre. I sé akavidado en mitzvá liviana komo la pezgada, ke non tu savyén dádiva de su présio de las mitzvot; i sé kontán damyo de mitzvá komo enkuentra su paga, i presio de averá komo enkuentra su danyo. Páramientres en tres kosas i non tu vinyén a lugar de averá: sáve ké arriva de ti: ojo veén, i oreja oyén, todas tus echas en el livro están eskritas.

Solía decir Rabbí: ¿Cuál es el camino recto[1] que el hombre ha de escoger para sí? Todo aquel en el que haya belleza para su Hacedor y para sí mismo. Y sé sopesado[2] (en el cumplimiento) del mandamiento fácil como en el del difícil, ya que no conoces el premio de cada precepto, y cuenta el daño que hay en no cumplir tal mandamiento más que la ganancia que hay en observarlo. Piensa en tres cosas y no caerás en poder del pecado: sabe que hay encima de ti: un ojo que ve, un oído que oye, y que todas tus acciones están escritas en un libro.

---

1. *Derej Iesharah*, «el camino recto» tiene en hebreo la misma guematria que *Vegadol veTorah UveJojmah*, «con grandeza, *Torah* y Sabiduría»: 739. El hecho de escoger este camino es la máxima expresión del libre albedrío: nadie puede hacerlo por nosotros. En este camino hay «belleza» tanto para el Hacedor como para aquel que lo escoge. En la cábala se relacionaría con Jacob.
2. El término *akavidado* traduce el hebreo *zahir*, «cuidadoso», que también significa «luminoso», «brillante». El cumplimiento de los preceptos, como el estudio de la *Torah*, agregan luz al alma. En la raíz *kavod* encontramos al mismo tiempo la idea de «peso» y de «gloria».

2.

Raban Gamliel, ijo de Ribi Yeuda el Nasi dizyén: ermozo deprendimyento de Ley kon kostumbre de tierra, ke Lazérya de ambos eyos, aze olvidar dilito; i toda Ley ke non kon eya ovra, su fin se balda i akarea dilito; i todos los travajantes kon eyos por kuento del Kriador, ke zehut de sus padres les ayuda i su djustedad está para siempre; i vos, kontan Yo sovre vos, presio muncho, komo si lo izyéresh.

Rabán Gamaliel, hijo de Rabbí Judá Hanasí (el Príncipe) solía decir: hermoso es aprender la *Torah* y tener una ocupación terrena,[3] porque el trabajo que implica atender a ambos hace olvidar el pecado. Todo estudio de la *Torah* en que no haya obra, al final no subsiste y lleva al pecado.[4] Y colabora con aquellos que trabajan para el Creador. El mérito de los Antepasados les ayuda y su justicia permanece para siempre. Y habrá para vosotros una gran recompensa, como si lo hubieres hecho.

---

3. «Costumbre de tierra» traduce *Derej Erets*, que suele interpretarse como «conducta humana» o «buena educación». *Derej* es camino. Según el Talmud, aquel que no enseña a su hijo un oficio o un medio para ganarse la vida es como si lo indujera al pecado. La *Torah* tiene que ser como el Cielo, que no hay que separar de la Tierra.
4. Sin duda por eso en I-17 leíamos que «Lo esencial no es el estudio, sino la obra». Hemos visto (I-15) que hay que «fijar» la *Torah*. Es la manera de que subsista. El estudio que no se combina con una labor no perdura.

3.

Seed akavidados en el sinyorio, ke non ayegantes a el, a el ombre, salvo por menester de si mezmo; amóstranse komo amigos en ora de sus provechos i non estantes a el, a el mobre, en ora de su apreto.

Sed cuidadosos (sopesados) con el Gobierno, pues no se acerca al hombre más que cuando le interesa (le necesita). Se muestra como su amigo cuando hay provecho pero no está con él cuando hay dificultades.[5]

---

5. Este *perek* también podría aplicarse a este mundo, que nos abandonará en el momento de la muerte (la hora del aprieto), y que es una expresión de la mala inclinación, al dominar ésta en él. La idea de aprieto es sumamente exacta y corresponde a la de *Mitsraim*, Egipto, que representa a este mundo.

4.

El era dizyen: az Su veluntad komo tu veluntad, para ke aga tu veluntad komo Su veluntad; balda tu veluntad para modre de su veluntad, para ke balde veluntad de otros para modre tu veluntad.

Solía decir: haz Su voluntad como si fuera tu voluntad[6] para que Él haga tu voluntad como si fuera la Suya. Anula tu voluntad por amor de Su voluntad, para que Él anule la voluntad de otros ante la tuya.

---

6. Este es uno de los *pirkei* más interesantes y profundos de este libro. Vemos aquí la diferencia entre lo que se podría llamar la buena voluntad en uno mismo y la buena voluntad en Dios. Hacer Su voluntad como si fuera la nuestra, he aquí la buena voluntad en Dios. Lo que en realidad se nos propone es operar la unión entre nuestra voluntad particular y la de Dios o, dicho de otro modo, acceder a esa voluntad esencial nuestra que no es distinta de la Suya.

5.

Ilel dizyen: non te apartes de el Kaal i non kreas en ti mezmo asta dia de tu murir; i non djuzges a tu haver asta que no ayeges a su lugar, i non digas koza ke es emposivle por oyir, ke a su fin por seer oyida; i non digas kuando terne vagar meldaré, kisas non ternás vagar.

Hilel solía decir: no te apartes de la Comunidad y no te fíes de ti mismo hasta el día de tu muerte, y no juzgues a tu amigo hasta que no te halles en su lugar. No digas que es imposible que algo se sepa, porque al final se sabrá y no digas que cuando tengas ocio (tiempo) estudiaré, porque a lo mejor no tendrás tiempo.[7]

---

7. Afirman los sabios que si dedicamos nuestros momentos de ocio a la búsqueda de Dios y al estudio de la *Torah*, Dios multiplicará nuestros momentos de ocio.

6.

El era dizyén: non nésyo teme de pekado i non am aares⁸ bueno; i non el verguensozo embeza, i non el eskatimózo emprende, i non todo el ke munchigua en merkaderia, se asaventa; i en lugar que non varones, perkura por ser varón.

Solía decir: el necio no teme al pecado y el rústico (no puede ser) bueno. El vergonzoso no puede aprender⁹ y el que engaña no puede enseñar. Y no todo aquel que está en negocios se hace sabio y allí donde no hay hombres, intenta ser un hombre.

---

8. Rústico (*aares*) de «*haerets*», la tierra, se refiere sin duda al ser humano físico, de carne y hueso, de este mundo, ejemplarizado a menudo por Esaú, que era labriego y que también podemos relacionar con «el escatimoso» en contraposición a Jacob.
9. El vergonzoso no aprende porque no se atreve a preguntar. Hay que esforzarse en ser un hombre, o sea un sabio, para con el ejemplo ayudar a que los demás hagan lo mismo. Sin duda recibiremos ayuda del cielo.

7.

Tambien el vido kavésa una ke nadáva sobre fases de las aguas; disho a eya: Sovre ke izites nadar te izieron nadar, i fin de tus azyentes nadar, nadarán.

También él vio un cráneo flotando sobre la superficie de las aguas y le dijo: porque ahogaste a otros, a ti te ahogaron, y a aquellos que te ahogaron, les ahogarán.[10]

---

10. Rashi comenta que sin duda se trataba de la cabeza de un bandido que fue cortada por otros bandidos. También podría referirse a la calavera del Faraón que, según el *Midrash*, Moisés vio flotando sobre el mar Rojo. Moisés le dijo: «porque ahogaste a los niños de Israel en el Nilo, también tú fuiste ahogado». Este perek puede asociarse con una idea del libro de los *Proverbios* (V-22) que dice: «Se cava un pozo y cae en él»

8.

El era disyén: Munchigua karne, munchigua guzano; munchigua azyendas, munchigua ansya; munchigua mujeres, munchigua ichúzos; munchigua esklávos, munchigua malechoria; munchigua esklávas, munchigua rovo; munchigua Ley, munchigua vidas; munchigua asiento, munchigua sénsya; munchigua konsejo, munchigua entendimyento; munchigua justedad, munchigua paz. Kompro nombre bueno, kompro para si mezmo; kompro a el palavras de Ley, kompro a el vidas de el mundo a vinyen.

Él solía decir: cuanto más carne, más gusanos.[11] Cuantos más bienes, más angustia, cuantas más mujeres, más hechizos, cuantos más esclavos, más fechorías, cuantas más esclavas, más robos, cuanta más *Torah*, más vida, cuanto más asiento,[12] más sabiduría, cuantos más consejos (se toman), más entendimiento, cuanta más justicia, más paz. El que adquiere un buen nombre, lo logra para sí mismo, el que adquiere las palabras de la *Torah*, logra para sí vida en el mundo por venir.

---

11. Podría tratarse de parásitos intestinales debidos a la gordura o simplemente de los gusanos que comen el cuerpo después de la muerte.
12. Alusión al tiempo que pasamos sentados, estudiando *Torah*, pero también a la *Torah* que hayamos *asentado*, o sea incorporado, a nuestra persona.

9.

Raban Yohanan ijo de Zakay, resivyó de Ilel y de Shamay. El dizyén: si deprendistes Ley muncha, no te esforses byen para ti mezmo, ke para esto fuistes kriado.

Rabbí Yojanán, hijo de Zakay, recibió de Hilel y de Shamay. Él solía decir: si aprendiste mucha *Torah*, no te atribuyas el mérito a ti mismo, ya que para esto fuiste creado.[13]

---

13. El objetivo del estudio de la *Torah* es el de corregir la mala inclinación y conducir al estudiante hacia la luz. En el texto hebreo «mucha» es *Harbe* (הרבה), cuyo valor numérico, 212, coincide con el de *haOr* (האור), «la luz». El hombre fue creado para la luz.

10.

Sinko talmidim eran a el a Raban Yohanan, ijo de Zakay, i estos eyos: Ribi Eliezer, ijo de Orkanos; i Ribi Yeoshua, ijo de Hananya; i Ribi Yose Akoen; i Ribi Shimon, ijo de Netanel; i Ribi Elazar, ijo de Arah.

Rabán Yojanán, hijo de Zakay, tenía cinco discípulos y éstos fueron: Rabbí Eliezer, hijo de Hircanos, Rabbí Ieshua, hijo de Ananías, Rabbí José el Sacerdote, Rabbí Simeón, hijo de Natanael y Rabbí Elazar, hijo de Araj.

11.

El era kontan sus alavasyones: Ribi Eliezer, ijo de Orkanos, pozo enkalado ke non se pierde gota; Ribí Yeoshúa, ijo de Hananyá, bien aventurada la ke lo paryó; Ribí Yosé Akoén, bueno; Ribí Shimón, ijo de Netanel, teme el pekado; y Ribí Elazar, ijo de Arah, komo fuente la mayorganse.

Y solía enumerar sus cualidades: Rabbí Eliezer, hijo de Hircanos es como un pozo bien encalado que no pierde gota;[14] Rabbí Ieshua, hijo de Ananías, bienaventurada la madre que lo engendró, Rabbí José el Sacerdote, bueno,[15] Rabbí Simeón, hijo de Natanael, temeroso del pecado; Rabbí Eleazar, hijo de Araj, cual fuente que se desborda.

---

14. Más que de alabanzas se trata de una enumeración de cualidades. Que no olvida las enseñanzas de *Torah* que ha estudiado. Notemos en estos ejemplos la comparación de la *Torah* con el agua.
15. En hebreo *Hassid*, que ha recibido la gracia, comparable también al agua.

12.

El era dizyén: si fuesen todos savyos de Yisrael, en palma de balansa i Ribí Eliézer, ijo de Orkanós, en palma de segunda, kontrapezaría él a todos eyos.

Él solía decir: si se pusiera a todos lo sabios de Israel en un platillo de la balanza y Rabbí Eliezer, hijo de Hircanos en el otro, les haría contrapeso a todos ellos.

13.

Disho a eyos: salid i veed kual esta eya karera derecha ke deve de apegarse kon eya el ombre. Ribí Eliezer diyén: Ojo bueno. Ribí Yeoshúa dizyén: Haver bueno. Ribí Yosé dizyén: Vizino bueno. Ribí Shimón dizyén: El que vey lo ke a de akonteser. Ribí Elazar dizyén: Korasón bueno. Disho a eyos: Veen yo a palabras de Ribí Elazar, ijo de Arah, mijor de vuestras palavras, ke enkonkloesyón de sus palavras, vuestras palavras.

Les dijo: id y mirad cuál es el camino recto al cual ha de apegarse el hombre. Rabbí Eleazar dijo: un buen ojo. Rabbí Ieshua dijo: un buen amigo. Rabbí José dijo: un buen vecino. Rabbí Simeón dijo: el que ve lo que ha de acontecer. Rabbí Elazar dijo: un corazón bueno. Él les dijo: considero las palabras de Rabbí Eleazar, hijo de Araj, las mejores, porque en ellas están incluidas las vuestras.

14.

Disho a eyos: salid y veed kual esta eya karera mala ke deve de alesharse de eya el ombre. Ribí Eliezer dizyén: ojos malos. Ribí Yeoshúa dizyén: haver (compañero) malo. Ribí José dizyén: vizino malo. Ribí Shimón dizyén: el ke toma emprestado y no paga. Uno ke toma emprestado de el ombre komo si tomara emprestado de el Kriador, ke ansí dize el pasuk: toma emprestado, malo, i non paga, y djusto engrasya i da. Ribí Elazar dizyén: korazón malo. Disho a eyos: veen yo a palavras ke en konkloisyón de sus palavras, vuestras palavras.

Él les dijo: id y mirad cuál es el camino malo del que debe alejarse el hombre. Rabbí Elazar dijo: un mal ojo.[16] Rabbí Ieshua dijo: un mal amigo. Rabbí José dijo: un mal vecino. Rabbí Simeón dijo: el que toma prestado y no paga (porque) el que toma prestado del hombre es como si tomara prestado del Creador y no le pagara. Por eso dice el versículo: «Toma prestado el malvado y no paga; y el justo agradece y da».[17] Rabbí Elazar dijo: un corazón malo. Él les dijo: considero que en las palabras con que concluye (Rabbí Elazar) están incluidas las vuestras.

---

16. El «mal ojo», el «mal amigo» o el «mal vecino», se trata siempre de la mala inclinación. «Mal ojo» se puede relacionar también con el mal de ojo e incluso con aquellas personas desagradecidas que desprecian lo que poseen y están siempre fijándose en lo que tienen los demás.
17. *Véase Salmos* XXXVIII-21.

15.

Eyos disheron tres kosas: Ribí Eliézer dizyén: sea onra de tu haver kerida sovre ti komo la tuya; i non seas lijero por ensanyarte; y torna dia uno antes de tu morir; i se eskayentan komo enkuentra su fuego de los savyos; i se akavidado en sus brazas ke non seas kemado; ke su mudridura, mudridura de rapoza; i su punchadura, punchadura de alakrán; i su perkantadura, perkantadura de adredor; i también todas sus palavras komo brazas de fuego.

Ellos dijeron tres cosas: Rabbí Eliezer dijo: aprecia el honor de tu amigo tanto como el tuyo y no te enfades con facilidad, y haz penitencia un día antes de que te mueras,[18] y caliéntate al fuego de los sabios pero sé cuidadoso de que no te quemen sus brasas.[19] Su mordida es mordida de zorra y su picada de alacrán y su encantamiento, encantamiento de serafín y también todas sus palabras como brasas de fuego.

---

18. Haz *Teshuvah*, o sea «vuélvete», («torna» en el texto ladino).
19. Sus enseñanzas, para las cuales podemos no estar preparados. *Véase también Eclesiastés* XII-11. Las palabras de los sabios se han comparado con las brasas porque soplando, o sea infundiendo espíritu sobre ellas se convierten en fuego.

16.

Ribi Yehoshúa dizyen: ojo malo i apetite malo i aboresyon de las kriaturas sakan a el ombre del mundo.

Rabbí Ieshua solía decir: un ojo malo,[20] una mala tendencia[21] y odiar a los hombres sacan al hombre del mundo.[22]

---

20. Se trata del «mal de ojo». Según *Proverbios* XXII-9, «el hombre de buena mirada» («mirada bondadosa», literalmente «buen ojo» (עין טובה) es bendecido».
21. La mala inclinación, el *Ietser haRa*.
22. Del mundo por venir, se entiende, aunque también es lícito aplicarlo a este mundo.

17.

Ribí Yosé dizyén: sea azienda de tu haver kerida sovre ti komo la tuya, i adresa a ti mezmo por deprender Ley, ke non eya eredada a ti; i todas tus echas sean por kuenta de el Kriador.

Rabbí José solía decir: aprecia los bienes de tu amigo como los tuyos propios. Prepárate a ti mismo para estudiar la *Torah*, porque no la obtendrás por herencia[23] y que todas tus acciones sean por (servir) al Creador.

---

23. Este *perek* contradice aparentemente la afirmación de *Deuteronomio* XXXIII-4: «la *Torah* nos fue dada por Moisés; es herencia para la casa de Jacob», contradicción que los sabios resuelven explicándonos que, si bien recibimos la *Torah* de Moisés, no podremos disfrutarla si no trabajamos en ella (Jacob trabajó 14 años para conseguir a Raquel). La palabra «herencia», *morashah* (מורשׁה) aparece sólo dos veces en la *Torah*.

18.

Ribí Shimón dizyén: seed akavidado en Keriat-Shemá i en Tefilá, i kuando tu azes orasyón, non agas orasyón asetiguada, salvo piadades i rogativas delantre el Kriador bendicho él, ke ansí dize el pasuk: ke Tú, Dyo grasyozo i piadozo, eluengo de iras i grande de merced i arepintyense sobre el mal; i non seas malo por ti mezmo.

Rabbí Simeón solía decir: sé cuidadoso en la recitación de Shemá y en la oración, que cuando hagas oración no sea mecánica,[24] sino piadosa y rogativa ante el Creador, bendito sea, pues dice el versículo:[25] «Él es piadoso y lleno de gracia, tardo en la ira, grande de misericordia y se arrepiente del mal» y no seas malo para ti mismo.[26]

---

24. La oración no debe hacerse de un modo mecánico, con los labios, sino con el corazón o, incluso mejor, con todo el ser.
25. *Véase Joel* II-13.
26. Pues a fin de cuentas todo el mal que hacemos nos lo hacemos a nosotros mismos.

19.

Ribi Elazer dizyen: see afinkado por deprender Ley i save ke responder a el erejo, i save delantre de ken tu lazdran; i ken el duenyo de tu ovra ke pagara a ti presyo de tu ovra.

Rabbí Elazar solía decir: sé vehemente[27] para estudiar y sabe qué has de responder al hereje, y sabe delante de quién trabajas y quién es el Señor de tu trabajo que te lo pagará.[28]

---

27. Literalmente «ahincado»; hay que estudiar la *Torah* con ahínco, con vehemencia, como si le hincáramos el diente a un fruto muy sabroso.
28. Que te recompensará en el mundo por venir, si eres justo y merecedor. *Véase también Pirké Avoth* II-21.

20.

Ribí Tarfón dizyén: el dia kurto, i la ovra muncha, i los ovreros haraganes, i el presyo muncho, i duenyo de la kaza apretan.

Rabbí Tarfón solía decir: el día es corto y el trabajo mucho,[29] los obreros haraganes y el precio mucho[30] y el Señor de la casa apremia.

---

29. Sin duda en el mismo sentido que el famoso aforismo de Hipócrates: «Vita brevis, ars longa». Una sola vida resulta muy corta para abarcar todo lo que podemos estudiar.
30. «El precio mucho» en el sentido que la remuneración es importante, que el beneficio que se obtiene del estudio de la *Torah* es, en este mundo y en el otro, enorme.

21.

El era dizyen: no sovre ti la ovra por kumplir, i no tu ijo foro por baldarte de eya; si deprendites Ley muncha, dantes a ti presio muncho; i fiel el duenyo de tu ovra ke pagara a ti presio de tu ovra; i save: dadiva de su presio de los djustos es aparejado para venir.

Solía decir: no depende de ti acabar el trabajo,[31] pero no puedes abstenerte de él; si aprendiste mucha *Torah*, te adjudicas a ti mismo un gran precio.[32] Y fielmente el Señor de tu trabajo te pagará su precio. Y sabe que la paga de los justos es recibida en el mundo por venir.

---

31. Sin duda nuestro estudio tiene unas limitaciones inherentes a nuestra condición de hombres caídos y no puede alcanzar el éxito sólo por nuestro propio esfuerzo. Una cosa es estudiar la *Torah*, es algo que depende de nosotros, y otra cosa es recibirla. Por importante que sea nuestro estudio, nunca tendremos una *Torah* «acabada». Sin embargo, Moisés la recibió «entera» y «acabada» del monte Sinaí. Los sabios nos enseñan que cada uno tenemos «una porción de *Torah*» con la que nuestra alma está más identificada.
32. En el sentido de que tendrás una gran recompensa.

Capítulo III

1.

Akavyá, ijo de Maalalél dizyén: para mientes en tres kozas i non tu vinién a lugar de averá. Save de adonde vinistes i adonde tu andan i delantre de ken tu aparejado por dar djuisyo i kuenta. De adonde vinistes? De gota fedyonda; i adonde tu andan? A lugar de polvo, yerme y guzano; i delantre de ken tu aparejado por dar djuisyo i kuentas? Delantre de Rey de reyes, el Santo bendicho El.

Rabbí Akabia, hijo de Mahalalel solía decir: reflexiona en tres cosas y nunca caerás en pecado: sabe de dónde viniste, a dónde vas y ante quién serás juzgado y habrás de rendir cuentas. ¿De dónde viniste? De una gota hedionda. ¿A dónde vas? A un lugar de polvo,[1] vermes y gusanos. ¿Y ante quién serás juzgado y habrás de rendir cuentas? Ante el Rey de reyes, el Santo, bendito sea.

1. La sepultura.

2.

Ribí Haniná, prensipe de los Koanim dizyen: sé azién orasyon por la paz del reino, ke si non por la temor kada uno a su kompanyero bivo se lo englutyéra.

Rabbí Janiná, príncipe de los sacerdotes,[2] solía decir: haz oración por la paz del reino, porque si no fuera por el temor al mismo cada uno engulliría vivo a su vecino.

---

2. En el texto original hebreo dice «segundo del sumo sacerdote», o sea su suplente.

3.

Ribí Haniná, ijo de Teradyón, dizyén: dos ke están asentados i non entre eyos palavras de Ley, de sierto en este asyento de eskarnesedores; ke ansí dize el pasuk: «Entonses avlaron temyentes de Adonay, kada uno a su kompanyero; i escuchó Adonay i oyó, i fue eskrito en livro de las membrasyones delantre de El, a temientes de Adonay i estimantes de Su Nombre». Non a mi salvo dos, i de adonde tenemos ke afilu uno ke esta asentado i trabaja en la Ley, ke el Santo bendicho El asetigua a él presyo? Ke ansí dize el pasuk: «Este a solas i kayánse, ke kargó sobre él».

Rabbí Janiná, hijo de Tiradión solía decir: si dos se sientan juntos y entre ellos no intercambian palabras de la *Torah*, es como si fuera una asamblea de burladores.[3] Pues así dice el versículo: «Entonces hablaron temientes de Adonai, varón a su compañero, y escuchó Adonai y oyó y fue escrito libro de memoria delante de Él a temientes de Adonai y a pensantes de su nombre».[4] Esto no se refiere sólo a mí, sino a dos personas. ¿Y de dónde tenemos que el Santo, bendito sea, recompensa a una sola persona que se sienta y estudia la *Torah*? Porque así dice el versículo:[5] «Estará a solas y esperará, que llevó sobre él».

---

3. En esta versión falta una parte del texto que dice: «como está escrito "Ni se ha sentado en reunión de burladores"» (*Salmos* I-1)
4. *Véase Malaquías* III-16. Utilizamos la traducción de la Biblia de Ferrara. En castellano actual sería: «He aquí lo que unos a otros se dicen los que temen a Iaveh. Y IHVH ha prestado atención y ha oído y ha sido presentado ante Él un memorial a favor de los que temen a IHVH y reverencian su nombre.»
5. *Véase Lamentaciones de Jeremías* III-28. La Biblia de Ferrara traduce: «Estará a solas y esperará, que llevó sobre él», las traducciones modernas: «Sentarse en soledad y en silencio porque es IHVH quien lo dispone».

4.

Ribí Shimón dizyén: tres ke komyeron sovre meza una i no disheron sovre el palavras de Ley, komo si komyeran de sangrefisyo de muertos; ke ansí dize el pasuk: «Ke todas mezas se incheron de bosaniya, suzyedad, sin lugar limpyo». Empero, tres ke komyeron sovre meza una i disheron sovre el palavras de Ley, komo si komyeron de Su mesa de el Kriador; ke ansí dize el pasuk: «I avló a mi: esta la mesa de delante de Adonay».

Rabbí Simeón solía decir: tres personas que comieron en una misma mesa y no hablaron sobre las palabras de la *Torah*, es como si hubieran comido de los sacrificios (ofrecidos) a los muertos, pues así dice el versículo:[6] «Que todas mesas son llenas de vómito e inmundicia, sin haber lugar limpio». Sin embargo, cuando tres comieron en una misma mesa y hablaron sobre las palabras de la *Torah*, es como si hubieran comido en la mesa del Creador, pues así dice el versículo:[7] «Y habló a mí: esta la mesa que (está) delante Adonai.»

---

6. Véase *Isaías* XXVIII-8: «Que todas mesas están llenas de vómitos y de suciedad y no hay sitio alguno limpio (cuando Dios está Ausente)».
7. Véase *Ezequiel* XLI-22: «Y me dijo: ésta es la mesa que está ante el Señor». Comer con palabras de *Torah* de alguna manera prefigura al mundo por venir.

5.

Ribí Haniná, ijo de Hahinay, dizyén: el ke se desperta en la noche, i el ke anda por la karera solo, i el ke eskombra su korasón a la baldía de sierto este ovliganse en su alma.

Rabbí Janiná hijo de Jajinai solía decir: el que se despierta en la noche[8] y el que deambula solo por las calles[9] y el que entrega su corazón a cosas vanas, ciertamente pone en peligro[10] su alma.

---

8. ...y no estudia *Torah*. Los sabios nos enseñan que el rey David «se despertaba a la medianoche y se levantaba como un león para estudiar *Torah*.
9. ...corriendo el peligro de encontrarse con prostitutas que le tienten o malos espíritus que ataquen su alma.
10. El verbo *ovligar*, en ladino, tiene también el sentido de «condenar». En hebreo חייב significa indistintamente «obligar» y «culpar».

6.

Ribí Nehunyá, ijo de Akaná, dizyén: todo el ke resive sovre él el yugo de Ley, aze pasar de él yugo de reyno i yugo de costumbre de tierra; y todo el ke descarga de él yugo de Ley, dantes a él yugo de reyno y yugo de costumbre de tierra.

Rabbí Nejunyá, hijo de Akaná, solía decir: todo aquel que acepta sobre sí el yugo de la *Torah*, queda liberado del yugo del gobierno y el yugo de los asuntos mundanos, y todo aquel que rechaza el yugo de la *Torah* se impone a sí mismo el yugo del gobierno y el yugo de los asuntos mundanos.[11]

---

11. En este *perek* está resumido magistralmente todo el tema del determinismo astrológico. Aquel que se ata a la *Torah* se libera de él, mientras que aquel que la rechaza cae cada vez más bajo su poder. El Talmud, en el tratado de *Shabbat* (156 a) nos enseña que «no hay destino para Israel». Según el Zohar, Israel y la *Torah* son inseparables.

7.

Ribí Halafrá, ijo de Dosá, varón de Kefar de Hananyá, dizyén: diez que están asentados i trabajan en la Ley, Shehiná pozada entre eyos, ke ansí dize el Pasuk: «Dio parado en companiya de anjeles». I de adónde tenemos ke afilu sinko? Ke ansí dice el pasuk: «... i su manojo sobre tierra la asementó». I de adónde tenemos ke afilu tres? Ke ansí dize el pasuk: «Entre djuezes djuzga». I de adónde tenemos ke afilu dos? Ke ansí dize el pasuk: «Entonces avlaron temientes de Adonay, kada uno a su companyero, i escuchó Adonay i oyó, i fue eskrito en livro de las membrasiones delantre de El a temientes de Adonay i a estimantes de Su Nombre». I de adónde tenemos ke afilu uno? Ke ansí dize el pasuk: «En todo lugar ke enmentaresh a Mi Nombre, verme a ti i bindizirtee».

Rabbí Jalaftá hijo de Dosá, oriundo de Kefar de Ananías, solía decir: cuando diez personas están sentadas estudiando la *Torah*, la Shekinah reside entre ellos, pues así dice el versículo:[12] «Dios está de pie en compañía de ángeles». ¿Y de dónde sabemos (que esto ocurre) si sólo son cinco? Pues así está escrito:[13] «y estableció sobre la tierra su bóveda» ¿Y de dónde sabemos (que esto ocurre) si sólo son tres? Pues así dice el versículo:[14] «en medio de los jueces Él juzga». ¿Y de dónde sabemos (que esto ocurre) si sólo son dos? Pues así dice el versículo:[15] »Entonces hablaron temientes de Adonai, varón a su compañero, y escuchó Adonai y oyó y fue escrito libro de memoria delante de Él a temientes de Adonai y a pensantes su nombre».¿Y de dónde sabemos (que esto ocurre) si sólo es uno? Pues así dice el versículo:[16] «En todo lugar donde se recuerde mi Nombre, iré a ti y te bendeciré».

---

12. *Véase Salmos* LXXXII-1 y Talmud (*Berajoth* 21 b). Se considera que si no hay 10 personas no hay *minián*.
13. *Véase Amós* IX-6.
14. *Véase Salmos* LXXXII-1.
15. *Véase Malaquías* III-16. En castellano actual sería: «He aquí lo que unos a otros se dicen los que temen a IHWH. Y IHWH ha prestado atención y ha oído y ha sido presentado ante Él un memorial a favor de los que temen a IHWH y reverencian su nombre.»
16. *Véase Éxodo* XX-21.

8.

Ribí Elazar, varón de Bartota, dizyén: da a El de lo Suyo, que tu i lo tuyo es Suyo, i ansí en David el dizyén: «Ke de Ti lo todo, i de Tu mano damos a Ti».

Rabbí Eleazar, varón de Bartotá, solía decir: «Dale a Él lo que es Suyo,[17] porque tú y lo tuyo Le pertenecéis pues así ha dicho David: «Porque todo proviene de Ti y de Tu propia mano te damos».

---

17. *Véase* I *Crónicas* XXIX-14. Podríamos ver en este versículo una alusión a la *Tsedakah* en el sentido de que cuando damos limosna a un pobre, en realidad le estamos restituyendo a la divinidad que hay en él lo que en algún momento Dios nos ha prestado. *Véase también Proverbios* XIX-17: «A IHWH presta el que da al pobre.»

9.

Ribí Yaacov dizyén: el ke anda por la karera i melda, i estaja de su meldar, i dize: kuánto ermoso arbol este, i kuánto ermoso barvicho este, konta sovre él, el pasuk, komo si se ovliganse en su alma.

Rabbí Jacob solía decir: el que va por el camino leyendo e interrumpe su estudio para decir «qué hermoso es este árbol» o «qué hermoso es este campo (en barbecho)», a propósito de éste dice el versículo que es como si se olvidara de su alma.[18]

---

18. Con su sutileza habitual, este *perek* nos está enseñando algo importantísimo: el estudio de la *Torah* es un asunto del alma. Distraerse de él u olvidarlo es como desconectar de nuestra propia alma. En efecto, la distracción y el olvido son los grandes enemigos del estudio. Incluso las cosas bellas de la creación son utilizadas por la mala inclinación para distraernos. Como veremos en el *perek* siguiente, olvidar lo que aprendimos estudiando es como olvidar el alma. Como nos enseñan los sabios, el pecado es la desconexión. Interrumpir el estudio equivale a desconectar.

10.

Ribí Dostay, ijo de Yanay, de nombrado de Ribí Meir, dizyén: todo el ke olvida koza una de su meldar, konta sobre él, el pasuk, komo si se ovligasen en su alma; ke ansí dize el pasuk: «De sierto se guardado a ti y guarda tu alma muncho de kuanto olvidarás a las palavras ke vieron tus ojos». Puedra ser afilú ke se enfortesyó sovre él, su meldar? Deprendimyento para dizir: i de kuano se tiraran de tu korasón todos los días de tus vidas; a non es ovliganse en su alma asta ke se asente i las tire de su korasón.

Rabbí Dostay, hijo de Yanay, en nombre de Rabbí Meir, solía decir: todo el que olvida una sola cosa de su estudio, se considera que es como si se olvidase de su alma, pues así dice el versículo:[19] «De cierto sé guardado a ti y guarda tu alma mucho, que no olvides a las cosas que vieron tus ojos» ¿Es esto posible si el estudio es muy arduo? Y añade para decir: «Y que no se quiten de tu corazón todos los días de tus vidas» (lo que nos enseña) a no olvidarnos (de las palabras de *Torah*) en el alma hasta que seamos capaces de sentarnos y extraerlas de nuestro corazón.

---

19. *Véase Deuteronomio* IV-9. Hemos utilizado la traducción de la Biblia de Ferrara. En traducciones modernas: «Cuida, pues, con gran cuidado no olvidarte y guardar en tu corazón las palabras que tus ojos han visto». El Talmud (*Sanhedrín* 99 a) nos enseña que «el que estudia la *Torah* y permite que sus conocimientos se le olviden, se asemeja a una madre que descuida a sus hijos hasta dejar que estos mueran.» Señalemos que *Dvarim* se puede traducir como «palabras» o como «cosas». La lección final de este *perek* es que hemos de llegar a «extraer» la *Torah* de nuestro corazón, como si se tratara de un pozo. Este párrafo final no aparece, sin embargo, en algunas versiones.

11.

Ribí Haniná, ijo de Dosá, dizyén: todo el ke temor de su pekado akonanta a su sensya, su sensya se afirma; i todo el ke su sensya akonanta a temor de su pekado, non su sensya se afirma.

Rabbí Janiná hijo de Dosá, solía decir: todo aquel cuyo temor al pecado adelanta a su sabiduría, ésta se sostiene. Y todo aquel cuya sabiduría adelanta[20] al temor al pecado, su ciencia no se sostiene.

---

20. *Akonantar* en el sentido de «adelantar, hacer algo antes», pero también tiene el sentido de «anteceder, anticiparse» e incluso el de «superar». El «temor al pecado» coincide en cierto modo con «el temor de los cielos», sin la experiencia del mal y del dolor no hay sabiduría: el exilio instruye.

12.

El era dizyén: todo el ke sus echas munchas más ke su sensya, su sensya se afirma; i todo el ke su sensya muncha más ke sus echas, non su sensya se afirma.

Solía decir: todo aquel cuyas obras superan a su sabiduría, ésta se sostiene. Y todo aquel cuya sabiduría supera a sus obras, su sabiduría no se sostiene.[21]

---

21. Los cabalistas han comparado a la *Torah* con una llama y a las buenas acciones con la mecha. Si no hay buenas acciones, la *Torah* no encuentra soporte para fijarse, para mantenerse. En nuestro estado caído, la Sabiduría es sutil y huidiza, por lo que debe ser fijada. Sin duda el olvido es el resultado de no haber fijado suficientemente nuestro estudio por medio de las buenas acciones.

13.

El era dizyén: todo el ke esperito de las kriaduras aolganta de él, esperito de el Kriador aolganta de él; i todo el que non espirito de las kriaduras aolganta de él, non el esperito de el Kriador aolganta de él.

Solía decir: todo aquel en quien el espíritu de las criaturas se complace,[22] el espíritu del Creador también se complace con él. Y todo aquel en quien el espíritu de las criaturas no se complace, el espíritu del Creador no se complace con él.

---

22. *Aolgantar* tiene además el sentido de «descansar». Traducimos «complacer», más conforme al texto hebreo. Los gustos de Dios y los de este mundo son opuestos.

14.

Ribí Dosá, ijo de Arkinas, dizyén: esfuenyo de la manyana, i vino de las siestas, i avla de los ninyos, i asiento de «baté kenesiyót» de «amé aaretz» kitan a el ombre de el mundo.

Rabbí Dosá, hijo de Arkinas solía decir: dormir por la mañana y beber vino al medio día,[23] y hablar como los niños[24] y estar en los lugares de reunión en compañía de rústicos, sacan al hombre del mundo.[25]

---

23. Beber vino le obligará a hacer la siesta y por lo tanto a descuidar el estudio, con lo cual se colocarán bajo la influencia del *Ietser haRa*, la mala inclinación.
24. O sea llevar conversaciones intrascendentes, que no versan sobre la *Torah*.
25. Del mundo por venir, aunque también se pueden interpretar como que acortan la vida. «Rústicos» en el sentido de «ignorantes».

15.

Ribí Elazar el modai dizyén: el ke ezbivla a las santidades i el ke menospresya a los plazos i el de ke averguenza a fases de haver en los munchos, i el ke balda su firmayento de Avraam nuestro padre, i el ke descuvre fases en la Ley ke non komo la «alaha» tambyen aún kon todo ke ay en su mano Ley i echas buenas, non a él parte en el mundo vinyente.

Elazar de Moadín solía decir: el que profana las ofrendas sagradas, el que desprecia las festividades, el que avergüenza en público a su amigo,[26] el que anula la alianza de Abraham nuestro padre,[27] el que interpreta las frases de la *Torah* contrariamente a la Tradición, incluso si posee conocimientos de la *Torah* y buenas acciones, no tendrá parte en el mundo por venir.[28]

---

26. El Zohar nos enseña que no hemos de avergonzar en público a nuestros amigos: «El que hace un reproche a su amigo no dejará que otro lo oiga, a fin de evitar que sea avergonzado, y si lo reprende públicamente, no estará manifestando verdadera amistad» (Zohar, *Ki Tazria*).
27. O sea la circuncisión. Puede aplicarse al judío que no circuncida a su hijo.
28. Una clara advertencia contra las interpretaciones personales de la *Torah*, que pueden no ser más que proyecciones de nuestra propia ignorancia y cuyos primeros y principales perjudicados somos nosotros mismos.

16.

Ribí Yishmael dizyén: sé lijero a la vejes y reposado a la mansevez, i se resivyen a todo ombre kon alegría.

Rabbí Ismael solía decir: sé dócil con el anciano y paciente con el joven y recibe a toda persona con alegría.[29]

---

29. *Véase Pirkei Avoth* I-15. También podríamos decir que hay que ser misericordioso con el riguroso, riguroso con el misericordioso y acoger a los ángeles con verdadera hospitalidad.

17.

Ribí Akivá dizyén: rizo i alivyanamiento de kavesa uzan a el ombre a la deskuvertura. Entregamyento, seto a la Ley, dyezmo seto a la rikeza, promesas, seto a el apartamyento; seto a la silensya, el kayar.

Rabbí Akiba solía decir: la mofa y la ligereza de cascos acostumbran al hombre a la impudicia. La entrega al estudio[30] es como un seto que defiende a la *Torah*, los diezmos un seto que defiende la riqueza, las promesas (los votos) un seto que defiende la santidad y el callar un seto que defiende la sabiduría.

---

30. El texto hebreo (מסורה סייג לתורה) hace hincapié en la vocalización masorética de la *Torah*. *Véase Pirkei Avoth* I.4, en el sentido de que la vocalización correcta la protege de interpretaciones desviadas.

18.

El era dizyén: kirido ombre ke fue kriado kon forma; kerensya avantajado fue savido a él ke fue kriado kon forma; ke ansí dize el pasuk: «Ke kon forma de el Dio izo a el ombre». Keridos Yisrael ke fueron yamados ijos a el Kriador; kerensya avantajada fue savido a eyos ke fueron yamados ijos a el Kriador; ke ansí dice el pasuk: «Ijos vos a Adonay vuestro Dio». Kerido Yisrael ke fue dado a eyos ke fue dado a eyos atuendo de kovdisya ke kon el fue kriado el mundo; ke ansí dize el pasuk: «Ke Ley buena di a vos, Mi Ley no deshedesh».

Solía decir: querido es el hombre por haber sido creado con imagen.[31] Pero más querido por haber sido creado capaz de saber que fue creado a esa imagen. Porque así dice el versículo:[32] «que con imagen de Dios hizo al hombre». Queridos (los hijos de) Israel que fueron llamados hijos del Creador, pero más queridos por saber que fueron llamados hijos del Creador. Pues así dice el versículo:[33] «Hijos sois del Eterno, vuestro Dios». Querido Israel porque le fue dado un atuendo codiciado con el que fue creado el mundo,[34] como está escrito:[35] «Pues os di una buena Ley, no abandonéis mi Ley».

---

31. Con *Tzelem*, imagen, alusión a *Génesis* I-26. O sea a la imagen de Dios. Sin embargo el tener consciencia de ello lo hace todavía más querido.
32. *Véase Génesis* IX-6.
33. *Véase Deuteronomio* XIV-1.
34. El mundo fue creado con la *Torah*.
35. *Véase Proverbios* IV-2.

19.

Lo todo atalayado i la lesensya dada, i kon bien el mundo es djusgado, i lo todo asigún munchidumbre de la echa.

Todo está previsto, sin embargo hay libertad para escoger.[36] El mundo es juzgado con bien[37] y todo depende de la cantidad de obras.[38]

---

36. Estamos sometidos al destino pero tenemos un cierto margen de libertad. Si no fuera así no habría una buena inclinación y una mala inclinación.
37. O sea con el atributo de misericordia.
38. Las buenas obras que el hombre ha realizado en vida.

20.

El era dizyén: lo todo dado kon prenda; i la red espandida sovre todos los bivos; la butica avierta, i el buticaryo fián, el kuadreno avierto y la mano eskrivyen, i todo el ke envelunta por tomar emprestado, ke venga i ke tome emprestado; i los cojedores arodeantes de kontino en cada día i paganse de el ombre ken de su saver i ken de non su saver, i ay a eyos sovre ken se asufren i el djuisyo de verdad, i lo todo aparejado para la seudá.

Solía decir: todo está dado en prenda y hay una red[39] tendida sobre todos los seres vivos. La tienda (de comercio) está abierta y el tendero fía. El libro de cuentas está abierto y la mano escribe y que aquel que quiera tomar prestado que venga y tome prestado. Pero los cobradores hacen gira diaria y cobran nos guste o no nos guste (con o sin nuestro consentimiento) pues tienen en qué apoyarse. El juicio es un juicio verdadero y todo está preparado para el banquete.[40]

39. Alusión a la muerte. «Así como los peces quedan atrapados en la mala red y como las aves se prenden en lazo, así son enlazados los hijos de los hombres en el tiempo malo» (*Eclesiastés* IX-12).
40. Para Rabbí Kolominos de Roma, el banquete se refiere al día de la muerte, aunque también podría aludir al día del mundo venidero.

21.

Ribí Elazar, ijo de Azaryá, dizyén: si non Ley non kostumbre de tierra; si non kostumbre de tierra, non Ley; si non sensya, non temor; si non temor, non sensya; i si non saver, non entendimyento; si non entendimyento, non saver; si non arina, non Ley; si non Ley, non arina.

Rabbí Elazar, hijo de Azarías solía decir: si no hay *Torah*, no hay buenas costumbres[41] y si no hay buenas costumbres, no hay *Torah*. Si no hay sabiduría, no hay temor (de Dios) y si no hay temor (de Dios) no hay sabiduría.[42] Si no hay saber, no hay entendimiento, y si no hay entendimiento, no hay saber. Si no hay harina no hay *Torah*[43] y si no hay *Torah* no hay harina.

---

41. *Derej Erets*, literalmente «camino de tierra». Se refiere al comportamiento adecuado, que se deriva de la *Torah*.
42. Porqué el Temor del Altísimo es el principio de la Sabiduría. *Véase Pirkei Avoth* III-11.
43. La *Torah* ha sido comparada con el Pan del cielo. Curiosamente la guematria de *Quemaj* (קמח), «harina», 148, coincide con la de *Pesaj* (פסח), «Pascua».

22.

El era dizyén: todo el ke su sensya muncha más ke sus echas, a ke el asemeja? A árvol ke sus ramas munchas i sus raízes pokas, i el viento viene i arankalo i trastornalo sovre sus fases, ke ansí dize el pasuk: «I será komo solo en la yanura i non verá kuando verna bien, i morará sekura en el dizyerto, tierra yermada i non se poblara. Empero, todo el ke sus echas munchas más ke su sensya a ke él asemeja? A árvol ke sus ramas pokas i sus raizes munchas; ke afilu ke todos los vientos ke en el mundo vienen u asoplan en él, non menean a el de su lugar, ke ansí dize el pasuk: «I será komo árvol plantado sovre aguas, i sovre aroyo tiende sus raizes i non vera kuando verna kalor, i seran sus ojas revedridas, i anyo de sekura non se ansyara, i non se tirará de azer fruto».

Solía decir: ¿A qué se parece aquel cuya sabiduría supera a sus buenas acciones? Al árbol que tiene muchas ramas y pocas raíces: el viento viene, lo arranca y le da la vuelta, pues así dice el versículo:[44] «será como enebro en la llanura y no verá cuando viniere bien, y morará en securas del desierto, tierra salada y no será poblada». Pero, ¿a qué se parece aquel cuyas buenas acciones superan a su sabiduría? Al árbol que tiene pocas ramas y muchas raíces: aunque todos los vientos del mundo vengan y soplen sobre él, no lo mueven de su lugar, pues así dice el versículo:[45] «Será como árbol plantado sobre aguas, y sobre riachuelo enviará sus raíces, y no verá cuando viniere calor, y será su hoja reverdecida: y en año de secura no se marchitará y no se tirará de hacer fruto.»

---

44. *Véase Jeremías* XVII-6. Utilizamos la traducción de la Biblia de Ferrara. En las traducciones modernas podemos leer: «Será como desnudo arbusto en la estepa, que, aunque le venga algún bien, no lo siente, y vive en las arideces del desierto, en tierra salitrosa e inhabitable».
45. *Véase Jeremías* XVII-8. Utilizamos la traducción de la Biblia de Ferrara. En las traducciones modernas podemos leer: «Será como árbol plantado a la vera de las aguas, que echa sus raíces hacia la corriente y no teme la venida del calor, conserva su follaje verde en año de sequía no se inquieta y no deja de dar fruto.»

23.

Ribí Eliezer, ijo de Hismá dizyén: nidos y principyos de «nidá» son eyos puerpos de «alahot»,»tekufot» i kuentas, frutas para la sensya.

Rabbí Eleazar, hijo de Jismá, solía decir: los Nidos[46] y los principios de *Nidah* son el cuerpo de las *Halajoth*,[47] las estaciones[48] y las cuentas[49] son el postre de la sabiduría.

---

46. Las leyes de ofrenda de pájaros.
47. Plural de *Halajah*.
48. Plural de *Tekufah*. (תקופה), «rueda, época, estación, solsticio», se refiere también a la astronomía.
49. Se refiere a la guematria, sistema de cálculo a partir del cual se pueden extraer enseñanzas místicas.

Capítulo IV

1.

Ijo de Zomá disyén: kuál este el savio? El ke embeza de todo ombre, ke ansí dize el pasuk: «De todos mis embezantes entené, ke tus testamyentos avla a mí». Kuál este el baragan? El que sochigua a su apetite, ke ansí dize el pasud: «Mijor el luengo de iras mas ke baragan, i pedestan en su espíritu mas ke predyen sivdad». Kuál este el riko? El ke se alegra con su parte, ke ansí dize el pasuk: «Lasérya de tus palmas kuando comyeres, bien aventurado tú y bien a ti». Bien aventurado tú en el mundo al este, i bien a ti a el mundo el vinyen». Kuál este el onrado? El ke onra a las kriaduras, ke ansí dize el pasuk: «Ke Mis onrantes onrare a Mis menospresyantes se desonrarán».

El hijo de Zomá solía decir: ¿Quién es sabio? Aquel que aprende de todo hombre, pues así dice el versículo:[1] «De todos mis enseñantes aprendí; por que tus testimonios habla a mí». ¿Quién es valiente? Aquel que sojuzga su mala inclinación, pues así dice el versículo:[2] «Mejor detardado en furores que el valiente, y podestán en su espíritu más que prendien ciudad». ¿Quién es rico? Aquel que se contenta con su suerte, pues dice el versículo:[3] «Trabajo de tus manos cuando comieres, bienaventurado tú y bien a ti». Serás bienaventurado en este mundo y tendrás bien en el mundo por venir. ¿Quién es honrado? Aquel que honra a los demás, pues así dice el versículo:[4] «Salvo mis honrantes honraré, y mis menospreciantes serán menospreciados».

1. *Véase Salmos* CXIX-99. Utilizamos la traducción de la Biblia de Ferrara. En otras traducciones podemos leer: «Me hacen más prudentes que cuantos me enseñan, pues tus testimonios constituyen mi meditación.»
2. *Véase Proverbios* XVI-32. Utilizamos la traducción de la Biblia de Ferrara. En otras traducciones leemos: «Mejor que el valiente es el que aguanta y el que sabe dominarse vale más que el que expugna una ciudad».
3. *Véase Salmos* CXXVIII-2. Utilizamos la traducción de la Biblia de Ferrara. En las traducciones modernas podemos leer: «Porque comerás del trabajo de tus manos, serás feliz y bienaventurado» Serás bienaventurado en este mundo y tendrás bien en el mundo por venir.
4. *Véase I Samuel* II-30. Utilizamos la traducción de la Biblia de Ferrara. En las traducciones modernas podemos leer: «Porque yo honro a los que me honran y desprecio a los que me desprecian».

2.

Ijo de Azay dizyén: sé coryén a mitzvá i fuyen de la «averá» ke mitzvá akarea mitzvá, mitzvá; i presyo de averá, averá

El hijo de Azay solía decir: sé rápido en cumplir un precepto y huye del pecado, que el precepto lleva a otro[5] y la retribución del precepto es otro precepto y la del pecado es otro pecado.

---

5. Sin duda porque cumplir con un precepto de un modo total nos conecta de alguna manera con los demás preceptos.

3.

El era dizyén: non seas menospresyán a ningun ombre, i non seas kontrayán a ninguna koza; ke non a ti ombre ke non a él ora, i non a ti koza ke non a eya lugar.

Solía decir: no desprecies a hombre alguno, ni desdeñes cosa alguna, porque no hay hombre que no llegue a tener su hora,[6] ni cosa que no tenga su lugar.[7]

---

6. Puede tratarse del momento de la muerte o de su oportunidad.
7. En el sentido de que no vaya a suceder.

4.

Ribí Levitás, varón de Yavné, dizyén: muncho, muncho se bajo de espírito delantre de todo ombre, ke esperanza de el ombre, es gusano.

Rabbí Levitás, varón de Yavné, solía decir: sé muy humilde ante los hombres, pues el final del hombre es el gusano.[8]

---

8. En una primera lectura vemos que el destino del hombre, su final, es morir. Pero también podríamos ver en el «gusano» la prefiguración de otro destino más elevado: la resurrección. El ejemplo clásico nos lo brinda la naturaleza: la mariposa como gusano resucitado.

5.

Ribí Yohanán, ijo de Beroká, dizyén: todo el ke esbivla nombre de el Kriador en la enkuvyerta, paganse de él en la deskuvyerta; tanto yerran i tantos sobrevyan, en esbivlamiento de el Kriador.

Rabbí Yojanán, hijo de Beroká, solía decir: todo aquel que profane el nombre de Dios en secreto será castigado en público; tanto si la profanación haya sido sin intención o a queriendas, recibirá su castigo.

6.

Ribí Yishmael su ijo, dizyén: el ke melda sovre entisyón por embezar, abastecen en su mano por desprender i por embezar; i el ke melda sovre en-tisyón por azer, abastecen en su mano por deprender i por embezar, por guardar i por azer.

Rabbí Ismael, su hijo, solía decir: aquel que estudia *Torah* con la intención de enseñar a otros, recibirá ayuda[9] para aprender y enseñar, pero aquel que estudia *Torah* para ponerla en práctica, recibirá ayuda[10] para aprender, enseñar, observar y practicar.

---

9. Ayuda de Dios, se sobrentiende, pues enseñando aprenderá cosas nuevas en las que a lo mejor no reparó durante el estudio.
10. De nuevo ayuda de Dios.

7.

Ribí Tzadok dizyén: non te apartes del «tzibur» i non agas a ti mezmo komo ordenantes los djuezes; i non agas korona por engrendeserte con eya; i non destral por tajar con eya. I ansí era Hillel dizyén: I el que se sierve con korona de la Ley, se taje; ya deprendites ke todo el ke se aprovecha de palabras de Ley, tíranse sus vidas del mundo.

Rabbí Sadoc solía decir: no te apartes de la comunidad[11] y no te erijas en juez de ti mismo. No hagas (de las palabras de la *Torah*) una corona para engrandecerte con ella ni un hacha para cavar con ella.[12] Y así solía decir Hilel: el que utiliza la corona de la *Torah* (para sí mismo), se destruye a sí mismo, como se desprende de que todo el que se aprovecha de las palabras de la *Torah* adelanta el momento de su partida de este mundo.

---

11. צבור, *Tsibur* significa «comunidad, público, montón». La interpretación tradicional es que no es conveniente distinguirse de los demás, sobresalir. Incluso puede ser peligroso.
12. O sea, no las utilices en tu propio provecho económico ni para tu propia gloria, discutiendo e hiriendo a los demás. El que se hable aquí de «un hacha» puede resultar chocante, pero es que Hilel era leñador.

8.

Ribí Yosé dizyén: todo el ke onra a la Ley, su puerpo es onrado sovre las kriaduras; i todo el ke esbivla a la Ley, su puerpo es esbivlado sovre las kriaduras.

Rabbí José solía decir: aquel que honra a la *Torah*, su cuerpo es honrado por las demás criaturas y aquel que deshonra a la *Torah*, su cuerpo es deshonrado por las demás criaturas.

9.

Ribí Yishmael, su ijo, dizyén: el ke se deveda a si mezmo de el djuisyo, deskarga de él malkerensya i rovo i djura de vanedad; i el ke altera su korasón en la amostransa, loko, malo y alterado de esperito.

Rabbí Ismael, su hijo, solía decir: aquel que se abstiene de juzgar se libra a sí mismo del odio, del robo y juramento falso, y aquel que se enorgullece de su presunción, es loco, malvado y presuntuoso de espíritu.

10.

El era dizyén: non seas djuzgan solo, ke non djuzgan solo, salvo Uno; i non digas: resivid mi saver, ke eyos alensensyados y non tú.

Solía decir: no te constituyas juez por ti solo,[13] pues nadie puede juzgar solo salvo Uno,[14] y no digas: aceptad mi veredicto, porque ellos tienen conocimientos[15] y no tú.

---

13. O sea no te apoyes únicamente en tu punto de vista personal.
14. O sea Dios.
15. Tienen más conocimientos que tú por el mero hecho de ser varios.

11.

Ribí Yonatán dizyén: todo el ke afirma a la Ley de afriisyón, su fin por afirmarla de rikeza; todo el que balda a la Ley de rikeza, su fin por baldarla de afriisyón.

Rabbí Jonatán solía decir: aquel que cumple la *Torah* en la aflicción acabará cumpliéndola en la riqueza; y todo el que descuida la *Torah* en la riqueza acabará descuidándola en la aflicción.

12.

Ribí Meir dizyén: sé apokán en el trato i trabaja en la Ley; i se bajo de esperito delantre de todo ombre; si te baldastes de la Ley, ay a ti baldios munchos komo enkuentra ti, i si lazdrastes en la Ley, ay a El presyo muncho por dar a ti.

Rabbí Meir solía decir: reduce tus negocios y estudia la *Torah*; sé humilde delante de los demás. Si descuidaste (el estudio de) la *Torah* se te presentarán muchos descuidos más y si trabajaste en la *Torah*, Él te dará gran recompensa.

13.

Ribí Eliezer, ijo de Yaakov, dizyén: El ke aze mitzvá una, compra a el abogador uno; i el ke pasa averá una, compra a el contrayador uno; «teshuvá» i echas buenas, komo eskudo delantre los males.

Rabbí Eliezer, hijo de Jacob, solía decir: aquel que hace una mitzvá, adquiere un ángel defensor y aquel que comete un pecado adquiere un ángel acusador. Arrepentimiento y buenas obras son como un escudo ante los males.[16]

---

16. En el sentido de que como un talismán protegen de la desgracia.

14.

Ribí Yohanán, el zapatero dizyén: Todo apanyamiento ke eya por kuento de el Kriador, su fin por afirmarse; i la ke non eya por kuento de el Kriador, non su fin por afirmarse.

Rabbí Yojanán el zapatero solía decir: toda asamblea que se reúne para glorificar al Creador se mantendrá y la que no se reúne para glorificar al Creador no se mantendrá.

15.

Ribí Elazar, ijo de Shamúa, dizyén: Sea onra de tu talmid kirida sovre ti komo la tuya; i onra de tu haver komo temor de tu Ribí, i temor de tu Ribí komo temor de el Kriador.

Rabbí Elazar, hijo de Shamuá, solía decir: que el honor de tu alumno te sea tan precioso como el tuyo propio, y que el honor de tu amigo sea como el temor que le tienes a tu maestro, y el temor de tu maestro como el temor de tu Creador.

16.

Ribí Yeudá dizyén: sé akavidado en el Talmud, ke yerro de el Talmud aze suvir sobrevyo.

Rabbí Yehudá solía decir: sé cuidadoso en el estudio pues un error en el estudio puede engendrar soberbia.

17.

Ribí Shimón dizyén: Tres koronas eyas: korona de Ley, i korona de kehuná i korona de reyno; i korona de fama buena suvyen sobre todas eyas.

Rabbí Simeón[17] solía decir: hay tres coronas: la corona de la *Torah*, la corona del sacerdocio y la corona de la realeza; pero la corona de un buen nombre las supera a todas ellas.

---

17. Se trata de Rabí Simeón bar Yohai, el autor del *Zohar*.

18.

Ribí Neoray dizyén: sé kativado a lugar de Ley, i non digas ke eya verna después de ti, ke tus haverim la afirmaron en tus manos; i a tu entendimyento non te asufras.

Rabbí Nehorai solía decir: emigra a un lugar donde enseñen *Torah* y no esperes que ella venga a ti, que tus amigos te la transmitan y no te fíes de tu propia inteligencia.

19.

Rabí Yanay dizyén: non en nuestras manos en paz de los malos i también non de kastigueryo de los djustos.

Rabbí Yanai solía decir: no está en nuestras manos (entender) por qué prosperan los malvados ni por qué son castigados (sufren) los justos.

20.

Ribí Matyá, ijo de Harásh, dizyén: sé akonantán en paz de todo ombre; i se kola a los leones, i non seas kavesa a las rapozas.

Rabí Matiá, hijo de Harash, solía decir: sé el primero en saludar a cualquier persona y sé cola de león[18] y no seas cabeza de zorro.

---

18. El león simboliza a las personas que conocen muy bien la *Torah*, mientras que el zorro es un símbolo de la astucia. Comentando «Dios creó los dos grandes luminares» (Génesis I-16), el *Zohar de Cantar de los Cantares* (70 b y 71 a) escribe que al principio eran equivalentes y compartían el mismo secreto, pero la Luna se quejó ante el Santo, bendito sea: «¿Es posible que un solo Rey utilice dos coronas al mismo tiempo? Y Él le contestó, veo que quieres ser cabeza de zorro; serás disminuida respecto a lo que eras. La cola de un león es llamada león.» Así pues, el león corresponde al Sol, «el primero en saludar a cualquier persona cuando despunta el día» y el zorro a la Luna, astro engañoso por excelencia.

21.

Ribí Yaakov dizyén: el mundo el este asemeja a el portal delantre el mundo el vinyen. Adresa a ti mezmo en el portal, para ke entres en el palasyo.

Rabbí Jacob solía decir: este mundo se asemeja a la antesala del mundo por venir. Prepárate en la antesala para poder entrar en el palacio.[19]

---

19. Tradicionalmente se ha comparado este mundo con el lugar en el que prepararse para el Mundo por venir.

22.

El era dizyén: ermoza ora una kon «teshuvá» i echas buenas en el mundo el este, más ke todas vidas de el mundo el vinyén, i ermoza ora una de repozamyento de esperito en el mundo el vinyén, más ke todas vidas de el mundo el este.

Solía decir: es mejor una hora con arrepentimiento[20] y haciendo buenas acciones en este mundo que todas las vidas del mundo por venir y es mejor una hora de reposo espiritual en el mundo por venir que todas las vidas de este mundo.

---

20. Este *perek* nos da la medida de la *Teshuvah*. Si ésta es mejor que todas las vidas del mundo por venir del cual una sola hora es mejor que todas las vidas de este mundo, podemos imaginar su inconmensurabilidad.

23.

Ribí Shimón, ijo de Elazar, dizyén: non afalagues a tu haver en ora de su sanya, i non lo conortes en ora de su muerto echado delantre de él, i non demandes a él en ora de su prometa; i non perkures por verlo en ora de su danyo.

Rabbí Simeón, hijo de Eleazar, solía decir: no consueles a tu amigo en el momento de su furia y no lo consueles cuando el muerto está todavía echado delante de él. No le hagas preguntas cuando está haciendo una promesa y no intentes verle a la hora de su desdicha.[21]

---

21. Los consejos de Rabbí Simeón parecen resumirse en uno: no intervengas cuando tu amigo se halle en una situación en la que no tiene control de sí mismo.

24.

Shemuel el pekenyo dizyén: en cayer tu enemigo non te alegres, i en su seer entropesado non se agoze tu korasón, ke kuanto verá Adonay i pezará en Sus ojos, i tornará de sovre ti el su folor.

Samuel el pequeño solía decir: no te alegres en la caída de tu enemigo y no goce tu corazón cuando tropiece;[22] no sea que el Señor lo vea y le desagrade, y mande sobre ti su ira.

---

22. *Véase Proverbios* IV-19. Si bien este *perek* se refiere al mundo profano, los sabios también lo aplican a dos que están discutiendo una interpretación de un versículo o un texto. Aquel que tenga razón no ha de alegrarse del error de su compañero, sino de que gracias al debate se haya hecho algo de luz sobre un tema que antes estaba oscuro.

25.

Elishá, ijo de Avuyá, dizyén: Ee ke deprende Ley a la ninyés, a ke se asemeja? A tinta eskrita sovre papel nuevo; i el ke deprende Ley a la vejés, a ke él asemeja? A tinta eskrita sovre papel arematado.

Elishá, hijo de Abuyá, solía decir: ¿A qué se asemeja el que aprende *Torah* en su niñez? A tinta escrita sobre papel nuevo. ¿Y a qué se asemeja el que aprende *Torah* en la vejez? A tinta escrita sobre papel usado.[23]

---

23. El Talmud nos enseña que lo que se aprende de niño no se olvida, mientras que lo que aprendemos de mayores es más fácil olvidarlo. Este *perek* también quiere decir que lo aprendido en la pureza y en la modestia (simbolizadas por la niñez) es como si fuera escrito en un papel limpio y virgen, mientras que lo aprendido a través del filtro de nuestra cultura y nuestros prejuicios es como si lo escribiéramos sobre papel usado.

26.

Ribí Yosé, ijo de Yeudá, varón de Kefar-Abavli dizyén: el ke deprende Ley de los chikos, a ke él asemeja? A comyen uvas krudas i bevyen vino de su lugar; i el ke deprende Ley de los viejos, a ke él asemeja? A comyen uvas kochas y bevyen vino viejo.

Rabbí Yosé, hijo de Yehudá, varón de Kefar-Abavli[24] solía decir: ¿A qué se asemeja el que aprende *Torah* de los jóvenes? Al que come la uva verde y bebe vino de su lagar. Y, ¿a qué se asemeja el que aprende *Torah* de los Ancianos? Al que come uva maduras y bebe vino añejo.[25]

---

24. Literalmente «pueblo de Babilonia».
25. La uva verde es aquella que aún no está madura. Un joven puede gozar de una excelente memoria y recordar mucha *Torah*, pero un anciano imprime en sus palabras el sello de la experiencia.

27.

Ribí Meir dizyén: non pares mientes en el kantaro, salvo que lo ke ay en él; ay kantaros nuevos yenos de vino viejo, i viejos ke afilu nuevo, non en él.

Rabbí Meír solía decir: no te fijes en el cántaro, sino en lo que hay en él. Hay cántaros nuevos llenos de vino añejo[26] y cántaros viejos que ni siquiera contienen vino nuevo.[27]

---

26. Un antiguo refrán castellano dice precisamente que «vino añejo da buen consejo». Un joven puede tener mucha sabiduría así como un cántaro nuevo puede contener vino añejo, aunque no sea lo más habitual.
27. Rabí Meír nos invita a no hacer caso de las apariencias: contenido y continente no siempre se corresponden.

28.

Ribí Elazar Akapar dizyén: el selo, i el deseo, i la onra, sakan a el ombre de el mundo.

Rabbí Eleazar Hakapar solía decir: la envidia, el deseo y la vanagloria sacan al hombre del mundo.[28]

---

28. Al ser exactamente lo contrario de la humildad, no sólo pueden contribuir a que la persona muera (salga de este mundo), sino que le impiden la entrada en el mundo por venir. «El que corre detrás de los honores, los honores huyen de él. El que huye de los honores, los honores corren tras él» (*Midrash Tanjumah, Vayikrah*-4).

29.

El era dizyén: los nasidos para morir, i los muertos para abediguar, i los bivos para djuzgar: por saver i por azer saver i por seer savido ke El, el Dio, El el afiguran, El el krian, El el entendien, El el djuzgan, El el testiguo, El el duenyo del djuisyo y El el aparejado para djuzgar. Bendicho El ke non delantre de El tortura, i no olvidamiento, i non resive fases, i non toma «shohad», ke lo todo suyo, i save tu que todo asigun la kuenta, i non te enfeuzye tu apetite ke la foya, kaza de fuida a ti, ke sovre tu pezar, tu afigurado, y sovre tu pezar, tu nasyen; i sovre tu pezar tu bivo; y sovre tu pezar, tu murien; y sovre tu pezar, tu aparejado por dar djuisyo i kuenta delantre del Rey de reyes de los reyes, el Santo Bendicho El.

Solía decir: los que han nacido (están destinados) a morir, los muertos a resucitar y los vivos a ser juzgados, para que sepan, hagan saber y se sepa que Él es Dios, Él es el Formador, Él es el Creador, Él es el Entendido, Él es el Juez, Él es el Testigo, Él es el Fiscal y Él es el que pronunciará la sentencia. Bendito sea Él en cuya presencia no hay nada torcido, no hay olvido, y no recibe recomendaciones y no toma sobornos, pues todo es Suyo.[29] Has de saber que todo está de acuerdo con el cálculo y no dejes que tu mala inclinación te haga creer que la tumba será casa de huida para ti, que a pesar tuyo fuiste formado, a pesar tuyo naciste, a pesar tuyo estás vivo, a pesar tuyo morirás y a pesar tuyo tendrás que rendir juicio y dar cuentas ante del Rey de Reyes, el Santo, bendito sea.

29. *Véase* II-*Paralipómenos* XIX-7

Capítulo V

1.

Kon diez mandamyentos fue kriado el mundo; i ke desprendimyento para decir? Y desierto kon mandamyento uno puedia ser, por seer kriado? Salvo por pagarse de los malos ke depuedren a el mundo ke fue kriado kon diez mandamyentos, i por dar presyo bueno a los djustos que sostyenen a el mundo ke fue kriado con diez mandamyentos.

El mundo fue creado con diez mandamientos.[1] ¿Qué nos enseña esto? Que ciertamente Dios pudo haberlo creado con un solo mandamiento, pero quiso pronunciar los diez para castigar a los malvados que destruyen el mundo y para premiar a los justos que sostienen el mundo, que fue creado con diez mandamientos.

---

1. La palabra «mandamiento» puede dar lugar a equívoco. El término que se utiliza en hebreo es «locución». Según la Cábala estas diez locuciones son el *Bereshit* y los nueve *Valomer* (y Dios dijo) que aparecen en las dos primeros libros del *Génesis*. También se las ha hecho corresponder con las 10 sefiroth. El número 10, reducido (1+0) da 1, como corroborando que lo que fue hecho con 10 locuciones, Dios pudo haberlo hecho con una sola.

2.

Diez djerenansyos de Adam i asta Noah, por azer saver kuánto alguengo de iras delantre de El; ke todos los djrenansyos eran ensanyantes i vinyentes asta ke trusho sovre eyos a aguas del diluvyo.

Diez generaciones hubo desde Adán a Noé para dar a conocer cuán lento es en la ira, pues todas las generaciones eran enojosas e irritantes, hasta que trajo sobre ellas las aguas del diluvio.

3.

Diez djerenanzyos de Noaj i asta Avraam, por azer saver kuánto alguengo de iras delantre de El; ke todas las djerenanzyos eran ensanyantes i vinyentes, asta ke vino Avraam, nuestro padre, i resivyó sovre él presyo de todos eyos.

Diez generaciones hubo entre Noé y Abraham para dar a conocer cuán lento es Él en la ira, pues todas las generaciones eran enojosas e irritantes hasta que vino Abraham, nuestro padre, y recibió la recompensa que todas ellas podían haber ganado.[2]

---

2. De alguna manera el mundo se mantuvo durante diez generaciones gracias a Abraham, que era un justo y una bendición para la humanidad. Por esta razón él recibió la recompensa que estas diez generaciones no recibieron a causa de su maldad.

4.

Diez prevas fue prevado Avraam nuestro padre i estuvo en todas eyas, por azer saver kuanto su kerensya de Avraam nuestro padre.

Con diez pruebas Abraham nuestro padre fue probado y las soportó todas, para hacer saber cuán grande era el amor de Abraham, nuestro padre (a Dios).

5.

Diez maraviyas fueron echas a nuestros padres en Ayifto i diez sovre la mar. Diez firidas trusho el Santo, Bindicho El, sovre los Aisyanos en Ayifto, i diez sovre la mar.

Diez[3] milagros fueron realizados para nuestros padres en Egipto y diez sobre el mar (Rojo o de los Juncos). Diez plagas trajo el Santo, bendito sea, sobre los egipcios en Egipto y diez sobre el mar (Rojo o de los Juncos).

---

3. De alguna manera muchas cosas que vienen de Dios se nos presentan como diez. Diez es, por otra parte, el valor numérico de la letra *Iod* (׳), inicial del Tetragrama.

6.

Diez prevas prevaron nuestros padres a el Kriador Bendicho El en el dizierto; ke ansí dize el pasuk: «I prevaron a Mi estas diez vezes i non oyeron en Mi boz».

Con diez pruebas probaron al Creador, bendito sea, nuestros antepasados en el desierto, tal como dice el versículo: «me han probado diez veces y no han escuchado mi voz».[4]

---

4. *Véase Números* XIV-22.

7.

Diez maraviyas fueron echas a nuestros padres en kaza de el santuaryo: Non movyó mujer de karne de la santedad; i non afedesyó karne de la santedad de syempre: i non fue aparesido moshka, en kaza de el degoyado; i non akontesyó akontesimyento a el Koen el grande, en día de las perdonansas; i no amataron las luvyas a fuego de lenyos de la ordenansa; i non vensyó el ayre, a pilar de el umo; i non fue ayado «pisul» en el Omer, ni en los dos panes, ni en pan de las fases; estantes apretados i enkorvantes i espasyozos; i non danyó kulevra ni alakrán en Yerushalayim, de siempre i non disho ombre a su haver: Estrecho a mi el lugar ke dormiré en Yerushalayim.

Diez milagros fueron hechos para nuestros antepasados en el templo: ninguna mujer tuvo un aborto a causa del olor de la carne de los sacrificios; la carne de los sacrificios no se pudrió jamás; nunca se vio una mosca en el lugar donde se degollaban los sacrificios; ninguna impureza hubo sobre el gran sacerdote el día del perdón (el día de Kipur); no apagaron las lluvias el fuego del altar; no venció el viento la columna de humo y no se halló defecto en la ofrenda del Omer ni en los dos panes, ni en el pan de propiciación. A pesar de estar apretados y de pie, el pueblo siempre halló lugar donde postrarse. Nunca dañó serpiente o alacrán a nadie en Jerusalén. Nunca se dio el caso de que un hombre dijera a su compañero: «El lugar donde dormiré en Jerusalén es estrecho.»[5]

---

5. Porque Jerusalén es, por definición, lo contrario de Egipto, *Misraim*, de la raíz Tsar (צר), «estrecho».

8.

Diez kosas fueron criadas en tadre de shabbat entre los soles, i estas eyas: Boka de la tierra ke avrió a su boka i englutyó a Koraj, para modre ke contrayó con Moshé Rabeno Alav Ashalom; boka de el pozo ke anduvo con nuestros padres en el dizierto por zehut de Miriam, nuestra hermana Alea Ashalom; boka de la azna ke avrió a su boka y se razonó kon Bilam el malo, en la karrera ke iva andan para maldizir a los djudyos, por azer el mandado de Balak rey de Tzipor; i el arco ke era aparesensye con las nuves, djuró el Santo Bendicho El ke non por traer mas mabul sobre la tierra; i la magna ke komieron nuestros padres en el dizierto kuarenta anyos por su «zehut» de Moshé Rabeno, Alav Ashalom; la vara ke topó Moshé Rabeno en la uerta de Yitró su esfuegro i izo con eya sinyales i maraviyas en Mitzrain i en la mar, i el shamir ke trushó Benayau ijo de Yeoyada por adovar a las piedras de el Bet Amikdash ke era asur de adovarlas con atuendo de fierro, el eskrito i la eskritura, i las tavlas ke en eyas estava eskrito la Ley Santa; i ay dizientes tambyen los danyadores ke kaminan en noche de myercoles i en noche de Shabbat, i por esto no es bueno ke salga el ombre solo afuera en estas dos noches, i su interramyento de Moshe muestro Ribí; i su barves de Avraam muestro padre ke lo ayego por korban en lugar de Yitzhak nuestro padre, Alav Ashalem; i ay dizyentes, tambyen tinaza kon tinaza de la echa ke non puede el ombre tomar fierro kemando en su mano, para modre ke se kema, si non toma otra tinaza en su mano.

Diez cosas fueron creadas en la tarde del Shabat a la hora del crepúsculo, y éstas son: la boca de la Tierra que englutió a Coraj, por el amor[6] que contrajo con Moisés nuestro maestro, la paz sea con él; la boca del pozo que anduvo con nuestros padres en el desierto por mérito de María, con ella sea la paz, la boca de la asna que habló

---

6. Más que de amor, se trataba de envidia. El término *Kinah* (קנאה) se suele traducir como «envidia» o «celos». La palabra castellana «inquina» que se hace derivar del latín *in cunius*, quizá tenga un origen hebreo.

Balaam el malvado, en el camino en el que iba maldiciendo a los judíos por cumplir la orden de Balak, rey de Tzipor, y el arco que apareció entre las nubes ante el cual el Santo, bendito sea, juró que no habría más diluvio sobre la tierra, el maná que comieron nuestros padres en el desierto durante cuarenta años por mérito de Moisés nuestro maestro, la paz sea con él, la vara que golpeó Moisés en la huerta de Jetró, su suegro y con la que hizo prodigios y milagros en Egipto y en el mar (rojo), el gusano que trajo Benayau, hijo de Yeoyada, para cortar las piedras del Templo ya que estaba prohibido hacerlo con instrumentos de hierro,[7] las letras y la Escritura, las Tablas en las que estaba escrita la *Torah* santa y hay quienes dicen que también los espíritus dañinos que se aparecen en la noche del miércoles y en la noche del Shabat, por lo cual no es bueno que el hombre salga solo estas dos noches, y la sepultura de Moisés nuestro maestro, y el carnero de Abraham nuestro padre que lo entregó en sacrificio en lugar de Isaac nuestro padre, la paz sea con Él, y hay quien dice que la tenaza con la que se hicieron otras tenazas ya que no se puede tomar el hierro candente sin quemarse las manos, si no se tiene una tenaza en la mano.

---

7. Se trata del *Shamir*, que aparece en el *Midrash* y en numerosas leyendas. Según el Talmud (*Sotah* 48 a) «Después de la destrucción del Templo el *Shamir* ha desaparecido». Ver también *Guitin* 68 a. Sin duda este término se refiere a algo más que a un gusano.

9.

Siete kozas en el nesyo i siete en el savyo: savyo non él avla delantre de ken grande más ke él, en sensya y en kuenta; i non él entra, entre palavras de su haver; i non se atorva por responder; demanda komo el kavzo i responde komo la alahá; i dize sovre primero, primero; y sovre postrero, postrero; i sovre lo ke non oyó, dize non oyí; y otorga sovre la verdad. I al revés de eyas, en el nesyo.

Siete cosas veremos en el necio[8] y siete en el sabio: el sabio no habla delante del que es más grande que él,[9] en conocimientos y en cálculos; no interrumpe las palabras de su amigo, y no se apresura en responder: pregunta como es el caso y responde de acuerdo con la *Halajah*.[10] Habla en primer lugar sobre lo primero y en último lugar sobre lo último. Y sobre lo que no escuchó dice no escuché y admite lo que es verdad. Con el necio ocurre al revés.

---

8. En hebreo *Golem*, de una raíz que quiere decir «materia informe». Puede aplicarse a aquel que no está formado en *Torah*.
9. Del que le supera en sabiduría: le deja hablar.
10. Se informa del tema antes de opinar y responde con precisión y exactitud.

10.

Siete maneras de males vienen a el mundo sovre siete puerpos de averot: Parte de eyos diezmantes i parte de non eyos diezmantes, ambre de secura vyene; parte de eyos ambrientos i parte de eyos artos. A terminaron ke non por diezmar, ambre de konsumisyon i de secura viene; i ke non por tomar a la halá, ambre de atemamyente viene.

Siete tipos de calamidades vienen al mundo por siete pecados. Cuando hay gente que separa el diezmo y gente que no,[11] con seguridad habrá hambruna. Algunos estarán hambrientos y otros hartos. Si no separan el diezmo, habrán desórdenes y sequía, y si no separan la «hala»,[12] habrá hambre de exterminio.

---

11. Hay una relación fonética en el texto hebreo entre *Puranaioth* (פורענויות), «desgracias, calamidades» y el verbo Paré (פר), «pagar una deuda» que suelen señalar los comentaristas clásicos.
12. La parte de la masa consagrada al sacerdote.

11.

Mortaldad viene a el mundo sovre los muertes las dichas en la Ley ke non fueron entregadas a Bet-Din, i sovre frutas del seteno. Espada viene a el mundo sovre afriymuento de el djuisyo, i sovre atorsimyento de el djuisyo, i sovre los amostrantes en la Ley ke nonkomo la alahá. Alimanya mala viene a el mundo sobre djuro de vanedad, i sovre esbivlamyento de el Kriador. Kativeryo viene a el mundo sovre sirvientes avoda zará i sovre deskuvijamyento de arayot, i sovre vestimyento de sangres, i sovre resfuimyento de la tierra.

La epidemia viene sobre el mundo cuando crímenes castigados con la muerte indicados en la *Torah* no fueron denunciados al Tribunal y cuando se venden productos agrícolas del año sabático. La espada viene sobre el mundo cuando se retrasa la justicia, cuando se la pervierte, y sobre los que interpretan la *Torah* de un modo distinto a la Halajá. Las alimañas vienen al mundo sobre los que juran en falso y sobre los que blasfeman del Creador. El cautiverio viene al mundo sobre los que adoran a otros dioses, por el incesto, por los asesinatos y por no dar rehuimiento[13] a la tierra en el año sabático.

---

13. De *resfuir*, «rehuír, huír, evadirse». Se refiere a dejar reposar la tierra y no ararla ni sembrarla en el séptimo año. El número de años que duró el exilio de Babilonia corresponde al de los años sabáticos no observados cuando los judíos habitaban la tierra de Israel. Ya vimos que «cautiverio» significa «exilio». Lo que traducimos como «blasfeman» es en realidad más fuerte, es la profanación que no necesariamente se ha hecho con palabras, también puede hacerse con actos.

12.

En kuatro tyempos la mortaldad se munchigua; en la kuarta i en la setena, i en salidura de setena, i en salidura de la Paskua ke en cada anyo y anyo. En la kuarta, para modre diezmo de miskino ke en la tersera; en la setena, para modre diezmo de miskino ke en la sesena; i en salidura de setena, para modre frutas de setena; i en salidura de las sucot ke en kada anyo y anyo, para modre rovo i dádiva de miskino.

En cuatro épocas aumenta la mortalidad: en el cuarto y en el séptimo año (del año sabático), al terminar el séptimo año y en cada año al terminar la Pascua.[14] En el cuarto año por no haberse dado el diezmo a los pobres correspondiente al tercer año. El séptimo año por no haberse dado el diezmo a los pobres correspondiente al sexto año, y al terminar el séptimo año por no haberse dado las frutas del año sabático, y al terminar la fiesta de Sucot por robar la parte que le corresponde a los pobres.

---

14. Un lapsus en la versión en ladino que utilizamos. En realidad es al terminar la festividad de las Cabañas, Sukoth.

13.

Kuatro condisyones en el ombre: El ke dize: lo miyo, miyo y lo tuyo, tuyo; esta kondisyón medyana, i ay dizyentes esta kondisyón de Sedom; lo miyo tuyo y lo tuyo miyo, am aáretz; lo miyo tuyo i lo tuyo, tuyo, bueno; lo tuyo miyo i lo miyo, miyo, malo.

Hay cuatro categorías de hombre: el que dice «lo mío es mío y lo tuyo, tuyo»; es la condición mediana,[15] aunque hay quien dice que ésta era la condición de los habitantes de Sodoma. El que dice «lo mío es tuyo y lo tuyo, mío», éste es un rústico.[16] El que dice: «lo mío es tuyo y lo tuyo, tuyo»; éste es bueno. El que dice «lo tuyo es mío y lo mío es mío», éste es malvado.

---

15. Ni pío ni impío. Era la condición de los sodomitas porque no hacían *Hessed*.
16. O sea aquel que carece de educación porque no ha estudiado la *Torah* y se comporta como un animal. Señalemos que si considera que lo suyo es de otros y lo de los otros también, no tiene nada. Aquel que no tiene *Torah* no tiene nada.

14.

Kuatro kondisyones en los saveres: lijero por ensanyar i lijero por afalagar, sali su danyo por su presyo; duro por ensanyar i duro por afalagar, sali su presyo por su danyo; duro por ensanyar i lijero por afalagar, bueno; lijero por ensanyar i duro por afalagar, malo.

Hay cuatro tipos de temperamentos: el que se enfada fácilmente y se tranquiliza fácilmente; éste compensa su pérdida con su ganancia. Al que le cuesta enfadarse pero le cuesta consolarse; su ganancia es mayor que su pérdida. Al que le cuesta enfadarse pero se consuela fácilmente, éste es un hombre bueno. El que se enfada fácilmente pero le cuesta consolarse; éste es un hombre malvado.[17]

---

17. Malvado e idólatra ya que «todo el que se enoja es como si realizara idolatría» (*Zohar* 22 b). El *Zohar* compara la bilis a «la espada del Ángel de la Muerte» y dice que aquellos que derraman sangre y cometen idolatría tienen asignados tres ángeles: el Destructor, el Iracundo y el Furioso.

15.

Kuatro kondisyones en los talmidim: presurozo por oyir i presurozo por depedrer, sali su presyo por su danyo; duro por oyir i duro por depedrer, sali su danyo por su presyo; presurozo por oyir i duro por depedrer, bueno; duro por oyir i presurozo por depedrer, esta parte mala.

Hay cuatro categorías de estudiantes:[18] el que aprende pronto pero olvida pronto: su ganancia queda anulada por su pérdida. El que tarda en aprender pero tarda en olvidar: su pérdida queda anulada por su ganancia. El que aprende pronto y tarda en olvidar, ese es bueno. El que tarda en aprender y olvida pronto: ese es malo.

---

18. Este tema se desarrollará más adelante en el *perek* 18.

16.

Kuatro kondisyones en dantes tzedaká: el ke envelunte ke dé i non den otros, su ojo malo en lo de otros; den otros i el non dé, su ojo malo en lo suyo; dé él i den otros, bueno; non dé él i non den otros, malo.

Hay cuatro categorías de personas que dan caridad.[19] El que tiene voluntad de dar pero no quiere que den otros: su ojo es malo para con los demás.[20] El que desea que den otros, pero no él: su ojo es malo para lo suyo.[21] El que da y acepta que otros den: ese es bueno. El que no da y no desea que otros den: ese es malvado.

---

19. Es envidioso y su actitud perjudica a los demás como el mal de ojo.
20. *Tzedaká*, la caridad, enriquece a quien la practica, tal como nos enseña el Talmud.
21. Es avaro con lo suyo y se perjudica a sí mismo sin darse cuenta.

17.

Kuatro kondisyones en andantes a el Bet-Hamidrash: andan i non azyen, presyo de andadura en su mano; azyen i non andan, presyo de echa en su mano; andan i azyen, bueno; non andan i non azyen, malo.

Hay cuatro categorías entre los que van a la Casa de Estudio: el que la frecuenta (la Casa de Estudio) pero no practica: tiene en su mano el beneficio de ir. El que practica pero no frecuenta[22] (la Casa de Estudio): tiene en su mano el beneficio de practicar. El que frecuenta (la Casa de Estudio) y practica: ese es bueno. El que no frecuenta (la Casa de Estudio) y no practica: ese es malvado.

---

22. Este pasaje tanto podría referirse al que realiza obras de bondad pero no estudia *Torah*, como a aquel que estudia en soledad y no frecuenta la Casa de Estudio.

18.

Kuatro kondisyones en estantes delantre hahamín: espondja, i enbudo, koladera i sedaso. Espondja ke el enbeve a lo todo; enbudo ke entra por aká i saka por aká; koladera ke saka a el vino i koje a las fyezes; sedaso ke saka a la arina i koje a la sémola.

Hay cuatro categorías entre los que se sientan en presencia de los Sabios: la de la esponja,[23] la del embudo,[24] la del colador[25] y la del cedazo. La esponja que se embebe de todo.[26] Al embudo le entra por un lado y le sale por otro. El colador deja pasar el vino y retiene las heces. El cedazo saca la harina y retiene la sémola.

---

23. La esponja absorbe cualquier tipo de líquido. Es el discípulo que absorbe las palabras de su maestro pero no es capaz de distinguir entre la verdad y la mentira.
24. El embudo recibe todo lo que le enseña su maestro, pero es incapaz de retenerlo.
25. El colador escucha las enseñanzas pero las filtra a partir de su personalidad particular.
26. El cedazo sabe separar el grano de la paja, lo esencial de las cáscaras.

19.

Todo amor ke eya dekolgada en la koza, báldase la koza, báldase la amor; i la ke non eya dekolgada en la koza, non eya se balda para syempre. Kuál esta amor ke eya dekolgada en la koza? Esta amor de Amnón i Tamar; i la ke non eya dekolgada en la koza? Esta amor de David y Yeonatán.

Todo amor que depende de una cosa,[27] desaparece cuando desaparece la cosa. Aquel amor que no depende de una cosa es para siempre. ¿Cuál es el amor que depende de una cosa? El amor de Amnón y Tamar.[28] ¿Cuál es el amor que no depende de una cosa? El amor de David y Jonatán.[29]

---

27. Podríamos leer «de una cosa exterior a uno mismo».
28. Ver II *Samuel* XIII -1 a 17. Simboliza el amor físico, exterior.
29. Ver I *Samuel* XVIII-1. Simboliza el amor espiritual, interior.

20.

Todo pleito ke eya por kuenta del Kriador, su fin por afirmarse; i la ke non eya por kuenta del Kriador, non su fin por afirmarse. Kuál este el pleito ke eya por kuenta del Kriador? Este pleito de Ilel i Shamay; i la ke non eya por kuenta del Kriador? Este pleito de Korah i toda su companya.

Todo pleito (o controversia) que se hace en nombre del Creador[30] lleva a un resultado duradero, y el que no se hace en nombre del Creador, no lleva a un resultado duradero. ¿Cuál es el pleito que se hace en nombre del Creador? El de Hilel y de Shamai.[31] ¿Cuál es el pleito que no se hace en nombre del Creador? El de Coraj y toda su compañía.[32]

---

30. Que tiene fines sagrados, que sirve a los intereses del cielo.
31. Hilel y Shamai, los dos sabios talmúdicos, parecían no estar nunca de acuerdo y sus opiniones solían ser opuestas, sin embargo el Talmud dice que «una voz salía del cielo y decía: «las unas como las otras son palabras de Dios».
32. Ver *Números* XVI. Para los cabalistas, las discusiones entre Hilel y Shamai «crean cielo», mientras que las discusiones entre Coraj y Moisés «crean infierno».

21.

Todo el ke aze tener zehut a los munchos, non pekado viene por su mano; i todo el ke aze pekar a los munchos, non abastese en su mano por azer teshuvá. Moshé tuvo zehut i izo tener zehut a los munchos, zehut de los munchos dekolgado en él, ke ansí dize el pasuk: «Djustedad de Adonay izo i Sus djuisyos kon Yisrael». Yarovam pekó e izo pekar a los munchos, pekado de los munchos dekolgado en él, ke ansí dize el pasuk: «Sovre pekado de Yarovam, ijo de Nevat, ke pekó i ke izo pekar a Yisrael».

El que lleva a muchos a tener mérito,[33] ningún pecado ocurrirá a través de él. Y el que hace pecar a muchos, no tendrá ayuda para arrepentirse (del mal que hizo). Moisés tuvo mérito e hizo tener mérito a muchos, por eso se le atribuye el mérito de muchos, como está escrito:[34] «Ejecutó la justicia del Señor y sus juicios están con Israel». Jeroboam, hijo de Nabat pecó e hizo pecar a muchos, por eso se le atribuye el pecado de muchos. Por eso está escrito:[35] «por los pecados de Jeroboam, hijo de Nabat, que pecó e hizo pecar a Israel.»

---

33. *Tsejut*, mérito, puede relacionarse también con *Tasjut*; claridad, pureza, lucidez, serenidad.
34. *Véase Deuteronomio* XXXIII-21.
35. *Véase* II *Reyes* XV-30.

22.

Todo el ke ay en él tres kozas estas, es de sus talmidim de Avraam muestro padre; i tres kozas otras, talmidim de Bilam el malo: Ojo bueno i esperito majado i alma basha de sus talmidim de Avraam muestro padre. Ojo malo i esperito alto i alma ancha, de sus talmidim de Bilam el malo. Ké entre sus talmidim de Avraam muestro padre a sus talmidim de Bilam el malo? Sus talmidim de Avraam muestro padre, komyentes en el mundo el este i eredantes a el mundo el vinyen; ke ansí dize el pasuk: «Por azer eredar a Mis amigos ay i sus siyeros inchiré». Empero sus talmidim de Bilam el malo, eredantes queinam i desdendyentes a pozo afueya; ke ansí dize el pasuk: «I Tú Dios, azlos desender a pozo afueya, varones de omiziyos i arte non se amedyenean sus días; i yo me enfiyuzyo en Ti».

Todo el que tenga estas tres cosas es de los discípulos de Abraham nuestro padre: buen ojo, espíritu humilde y alma sincera. Todo el que tenga estas tres cosas es de los discípulos de Balaán el malvado: mal ojo, espíritu orgulloso y alma altiva. ¿Cuál es la diferencia entre los discípulos de Abraham nuestro padre y los discípulos de Balaán el malvado? Los discípulos de Abraham nuestro padre comen en este mundo y heredan el mundo por venir, como está escrito:[36] «Para hacer heredar a mis amigos y sus tesoros henchiré». Pero los discípulos de Balaán el malvado heredarán el gehenon, y bajarán al pozo de la perdición, como está escrito:[37] «Tú, Dios, los harás descender al pozo a fuerza, varones de sangre, y engaño no mediarán sus días, y yo me confiaré en ti».

---

36. *Véase Proverbios* VIII-21: «haré que hereden los que me aman y llenaré sus tesoros». Que heredan en el mundo por venir y que llenen sus tesoros en este mundo.
37. *Véase Salmos* LV-24: «Pero tú, oh Dios, los harás descender a la fosa de corrupción. Hombres sanguinarios y dolosos; no llegarán a la mitad de sus días, mas yo confiaré en ti».

23.

Yeudá ijo de Temá dizyén: sé fuerte komo el anyamere i lijero komo la águila; koryém komo el korso i baragan komo el león, por azer veluntad de tu Padre ke en los cielos. El era dizyém: desvenguersozo de fases, para «gueinam» i verguensozo de fases para «Gan-Eden». Sea veluntad delantre ed Ti, Adonay muestro Dio i Dio de muestros padres, ke fragues a káza de el Santovaryo ayinda en muestros días, i da muestra parte en Tu Ley.

Judá, hijo de Temá, solía decir: sé fuerte como el leopardo,[38] ligero como el águila,[39] corredor como el corzo y valiente como el león para hacer la voluntad de tu padre que está en los cielos. También solía decir: el desvergonzado a el gehenon, el pudoroso al Gan Edén. Sea tu voluntad, Dios nuestro y Dios de nuestros padres que el Templo se restaure pronto y en nuestros días, y nos des nuestra parte de tu *Torah*.

---

38. «Anyamere», del hebreo *namer*, sería un animal parecido al leopardo, cruce de león y puerco.
39. En el sentido de rápido. Dotada de una excelente visión, el águila detecta inmediatamente a su presa y es capaz de mirar al Sol cara a cara, así deberíamos ser capaces de vislumbrar rápidamente el sentido oculto de las plabras de la *Torah* y contemplar su luz cara a cara.

24.

El era dizyén: de edad de sinko anyos para pasuk; de edad de diez para Mishná; de edad de tredje para Mitzvot; de edad de kinze para Guemará; de edad de diez i ocho para Hupá; de edad de vente para presiguir; de edad de trenta para fuerza; de edad de kuarenta para entendimyento; de edad de sinkuenta para consejos; de edad de sesenta para vejez; de edad de setenta para kaneza; de edad de ochenta para bara-ganiya; de edad de noventa para fuesa; de edad a le siento, komo si muriese: i pasase i baldase de el mundo.

Él también solía decir: a los cinco años se puede estudiar versículos; a los diez se puede estudiar Mishná, a los trece Mitsvot, a los quince Guemará, a los dieciocho se puede contraer matrimonio. A los veinte se tiene edad para ganarse la vida, a los treinta para estar fuerte, a los cuarenta para tener entendimiento, a los cincuenta para poder dar consejos, a los sesenta llega la vejez, a los setenta la ancianidad, a los ochenta el poder,[40] a los noventa la fosa (la tumba), a los cien como muerto y pasase de este mundo.

---

40. Se trata del vigor del alma, de la fuerza moral, una vez que el del cuerpo ha menguado.

25.

Ijo de Bag Bag dizyén: trastorna en eya i trastorna en eya, ke lo todo en eya. I en eya verás, envejésete i enkanésete en eya, i de eya non te tires, he non a ti kondisyón buena más ke eya.

El hijo de Bag Bag solía decir: dale vueltas y trabaja en ella, porque todo está en ella. En ella verás, envejece y encanece en ella, y no te salgas de ella pues no hay cosa mejor que ella.[41]

---

41. En *Proverbios* IV-2 podemos leer «porque doctrina (*Lekaj*) buena (*Tov*) di a vos, mi Ley *(Torah)* no abandonéis».

26.

Ijo de E-E dizyén: asigún el trabajo es el presio.

El hijo de He He solía decir: según es el trabajo (el esfuerzo) es la recompensa.[42]

---

42. En el mismo sentido que la recompensa por cumplir un precepto es el hecho mismo de haberlo cumplido. Desde la perspectiva de este mundo, el precepto está separado de la recompensa; desde la de los sabios son una única cosa.

Capítulo VI

1.

Meldaron hahamim en linguaje de la Mishná: bindicho ke escojó en eyos i en su meldadura. Ribí Meir dizyén: todo el ke se entremete en la Ley por su nombrado en «zohé» a kozas munchas, i non más salvo ke todo el mundo, todo el, pertenesyente es a él. Es yamado: kompanyero, amado, aman a Kriador, aman a las kriaduras, azyen alegrar al Kriador, azyen alegrar a las kriaduras, azyendo vistir olmiyanza i temor, i adrésalo por seer djusto, bueno, derecho i fiel, i aleshalo de el pekado i aserkalo a lugar de zehut: I se aprovechan del consejo i sutileza, entendimyento i baragania, ke ansí dize el pasuk: «A Mi consejo i sutileza, entendimyento a Mi baragania». I dantes a él y podestania i peshkerimyento de djuisyo; i deskujivan a él sekretos de Ley, i es echo komo fuente de mayorganse i komo rio ke non estaja i anda i se onesto i de elguengo de esperito; i emprezentan sovre su endjurya, i engrandeselo i enalteselo sovre todas las echas.

Enseñaron los Sabios en el lenguaje de la Mishná: bendito sea él que los escogió a ellos y a su enseñanza. Rabbí Meir solía decir: todo aquel que se ocupa en la Ley por su propio mérito, se hace merecedor de muchas cosas, y además todo el mundo le pertenece. Es llamado compañero, amado, amante del Creador, amante de las criaturas (humanas); agrada al Creador, alegra a las criaturas. Esto lo reviste de humildad y temor, y lo purifica para que sea justo y bueno, recto y fiel, lo aleja del pecado y lo acerca al lugar del mérito y la gente se beneficia de sus consejos y sutileza, entendimiento y poder.[1] Pues está escrito[2] «A mí consejo y ser, yo inteligencia, a mí valentía». Le otorga realeza y autoridad y perspicacia en el juicio. Y los secretos de la Ley le son descubiertos y llega a ser como un manantial que no se agota y como un río que no se estanca. Y es honesto y paciente de espíritu, perdonando a los que le desprecian y ella lo engrandece y eleva sobre todas las criaturas.

1. En el sentido de fuerza moral.
2. *Véase Proverbios* VIII-14: «Mío es el consejo y la sutileza, la inteligencia y la fuerza».

2.

Dize Ribí Yeoshúa, ijo de Leví: en cada día i día, una boz sale de Monte de Horev i apregona i dize: Guay a eyos, a las kriaduras, de su endjurya de la Ley; ke todo ken ke no se entremete en la Ley, es yamado airado; ke ansí dize el pasuk: «Anyazme de oro en nariz de puerco, mujer ermosa i tirada de razón». I dize: «I las tablas, echas de el Dio eyas, i la eskritura, eskritura de el Dio, kavada sovre las tablas; non meldes kavada, salvo alfuria, ke non a ti ijo foro, salvo el ke se entremete en la Ley; y todo el ke se entremete en la Ley, de sierto este es enshalshado, ke ansí dize el pasuk: «I de Mataná a Nahaliel; i de Nahaliel a Bamot».

Dice Rabbí Yeoshúa, hijo de Leví: cada día y día una voz sale del monte Horeb pregonando y diciendo: «¡Ay de ellos, las criaturas que desprecian la Ley!», pues todo aquel que no se ocupa (del estudio de) la Ley es llamado «despreciable»,[3] según está escrito[4] «Añazme de oro en nariz de puerco, mujer hermosa y tirada de razón». Y también[5] «Y las tablas, hechura de Dios ellas, i la escritura, escritura de Dios ella, grabada sobre las tablas». No leas «kavada», sino «alfuria»[6] que no encontrarás a hombre libre sino aquel que estudia la Ley, y todo aquel que estudia la Ley, ciertamente es ensalzado, pues así dice el versículo:[7] «Y de Mataná a Nahaliel, i de Nahaliel a Bamot».

---

3. «Airar» significa irritar, desgastar. Hace alusión al efecto corrosivo del aire que desgasta las cosas y las hace despreciables.
4. *Véase Proverbios* XI-22: «Anillo de oro en jeta de puerco es la mujer bella pero sin seso».
5. *Véase Éxodo* XXXII-15: «Eran obra de Dios, lo mismo que la escritura sobre las tablas».
6. Este juego de palabras no se entiende sin recurrir al hebreo. *Kavada, jaruth*, significa «grabado», y *alfuria*, en hebreo *jeruth*, significa «libertad». Hay numerosos comentarios cabalísticos sobre el tema; es particularmente interesante el de Rabbí Jaim de Volozin.
7. *Véase Números* XXI-19: «Y de Mataná a Nahaniel, i de Nahaniel a Bamot».

3.

El ke deprende de su haver pérek uno, o alahá una, o pasuk uno, o dibur uno, o afilu letra una, ademenester por uzar en el onra, ke ansí topimos en David, rey de Yisrael, ke non embezó de Ahitófel salvo dos kozas tan solamente, yamolo su ribí, su konde i su konermano, ke ansí dize el pasuk: «I tú, varón, komo mi presyo, mi konde, i mi konermano». I desyerto kozas livyanas i pezgadas. Uma David rey de Yisrael ke non embezó de Ahitófel salvo dos kozas tan solamente, yamolo su ribí, su konde i su konermano; el que deprende de su haver pérek uno, o alahá una o pasuk uno, o dibur uno, o afilu letra una, sovre una kuanta mas i kuanta mas ke a demenster por uzar en el onra? I non onra salvo Ley; ke ansí dize el pasuk: «Onra, savyos credan i prenizmos eredan byen»; non byen salvo Ley; ke ansí dize el pasuk: «Ke ley buena di a vos, Mi Ley non deshedesh».

El que aprende de su amigo un solo capítulo o una Halajá, o un solo versículo o un solo dicho o una sola letra, ha de menester tratarlo con honor, pues así ocurrió con David, rey de Israel, que sólo aprendió de Ajitofel dos cosas y sin embargo lo llamó su maestro, su compañero y su hermano, pues así dice el versículo:[8] «Y tú varón como mi igual, mi señor y mi conocido». Y eran ciertamente cosas sencillas y de peso. Si David, rey de Israel, que no aprendió de Ajitofel más que dos cosas le llamó su maestro, su compañero y su hermano, ¿cuánto más deberá tratar con honor el que aprende de su amigo un solo capítulo, una Halajá o un solo versículo, un solo dicho o una sola letra? Pero el honor sólo se aplica a la *Torah*, como dice el versículo:[9] «Los sabios heredan la honra y los honrados heredan el bien»: «Porque la doctrina que os doy es buena, no abandonéis mi Ley (*Torah*)».

---

8. *Véase Salmo* LV-14: «Pero eres tú un hombre como yo, mi familiar, mi conocido».
9. *Véase Proverbios* III-35: «Honra sabios heredarán».

4.

Ansí eya su uzansa de la Ley: pan kon sal komerás, i agua kon mizura beverás, i sovre la tierra durmirás, i vidas de tzaar bivirás, y en la Ley tu lazdrán. I si tú azyen ansí, byenaventurado tú, i byen a ti; byenaventurado tú en el mundo el este, y byen a ti en el mundo el vinyén.

Este es el camino (para el estudio) de la *Torah*: pan con sal comerás y agua con medida beberás, y sobre el suelo dormirás y vida angustiada vivirás, y en la *Torah* se halla tu trabajo. Y haciéndolo así, serás bienaventurado y tendrás bien:[10] serás bienaventurado en este mundo y tendrás bien en el mundo por venir.

---

10. *Véase Salmos* CXXVIII-2.

5.

Non bushkes grandeza, i non kovdisyes onra, demasyado de tu meldar. Az i non dezeyes a sus mezas de los reyes, ke tu meza grande más ke sus mezas, i tu korona grande más ke sus koronas; i fiel el duenyo de tu ovra ke pagará a ti presyo de tu ovra.

No busques grandeza y no codicies honores, haz más de lo que hayas estudiado. Practica y no desees las mesas de los reyes, que tu mesa es mayor que la de ellos y tu corona mayor que sus coronas;[11] fielmente el dueño de tu obra te pagará el precio de tu obra.

---

11. La mesa de *Shabat* y la corona de la *Torah*.

6.

Grande es la Ley más ke la keuná i más ke el reyno; ke el reyno se compra kon trenta grados i la keuná kon vente i kuatro, i la Ley se kompra kon kuarentiocho kozas, i estas eyas: kon deprendimyento de Ley, kon oida de oreja, kon ordenamyento de lavyos, kon entendimyento de korasón, kon myedo, kon temor, kon olmidansa, kon alegría, kon servimyento de los hahamin, kon apuntamyento de los haverim, i kon platiyamyento de los talmidin, kon yishuv, kon pasuk, kon mishná, kon apokamyento de merkadería, kon apokamyento de esfuenyo, kon apokamyento de avla, con apokamyento de visyo, kon apokamyento de riza, kon apokamyento de kostumbre de tierra, kon lungura de fases, kon korasón bueno, kon verdad de los hahamin, kon risivir los yisurim, el ke konose a su lugar, i el ke se alegra kon su parte, y el ke se aze seto a sus palabras, i el ke non se esforza byen para si mezmo, aman a el Kriador, aman a las kriaduras, aman a las djustedades, aman a las derechades, aman a los kastigueryos, aleshanse de la onra; i non se altirea su korasón en su talmud, i non se alegran en la amostransa, sorporta en yugo kon su haver, kontrapezalo a palma de zehut, azyenlo estar sovre la paz, se arepoza su korasón en su talmud, demanda i responde, oye i anyade, demanda komo el kavzo i responde como la alahá, el que melda sovre entisyón por embezar, el que melda sovre entisyón por azer, el ke asaventa a su ribí i el ke entyende a su oida; i el que dize koza por nombrado de su dizidor, ya desprendistes: Todo el ke dize koza por nombrado de su dizidor, trae rigmisyón a el mundo, ke ansí dize el pasuk: «I disho Ester a el rey por nombrado de Mordehay».

La *Torah* es mayor que la *Kehunah* (el sacerdocio) y que la realeza, pues la realeza se adquiere con treinta grados (requisitos) y el sacerdocio con veinticuatro, mientras que la ley *Torah* se adquiere con cuarenta y ocho cosas, que son: con el estudio de la *Torah*, escuchada con los oídos (y no en silencio) en voz alta, con entendimiento de corazón, con miedo, con temor, con humildad, con alegría, sirviendo a los sabios, con intercambio con los compañeros, con conversación con los alumnos, con tranquilidad, con (conocimiento de los) versículos, con (conocimiento de la) Mishná, con moderación en los negocios, con moderación en el sueño, con moderación en la conversación, con moderación en los placeres, con moderación en la risa, con moderación en los asuntos mundanos, con longanimidad, con buen corazón, con confianza en las palabras de los sabios, con aceptación de los sufrimientos,[12] con conocimiento del lugar de cada uno, con aceptación de su suerte, con cuidado en sus palabras, no esforzándose en buscar el propio provecho, amando al Creador, amando a las criaturas, amando la justicia, amando las cosas rectas, amando las correcciones, alejándose de los honores, no enorgulleciéndose de su estudio, no alegrándose en sus propias interpretaciones, compartiendo las penas con los amigos, juzgándolos benévolamente, conduciéndolos hacia la paz, conduciéndolos hacia la verdad, haciendo reposar su corazón sobre el estudio, preguntando y contestando, escuchando y ampliando, preguntando acerca del caso y contestando según la *Halajah*, estudiando con la intención de enseñar, estudiando con la intención de llevar a la práctica, haciendo sabio a su maestro, escuchando sus palabras, diciendo las cosas citando a su autor, ya que está escrito que el que cita un pasaje con el nombre del que lo pronunció, trae remisión al mundo, como dice el versículo:[13] «y dixo Ester al rey en nombre de Mordechai».

---

12. *Yisurim:* «Sufrimientos de amor». *Véase* Talmud *Berajoth* (5 b).
13. *Véase Ester* II-22: «Y Esther se lo dijo al rey en nombre de Mordejai».

7.

Grande es la Ley ke eka da vidas a sus azyentes en el mundo el este i en el mundo el vinyén, ke ansí dize el pasuk: «Ke vidas eyas a sus fayantes i a toda su karne melezina»; i dize: «Melezina será para tu ombligo i sharope para tus uesos». I dize: «Arvol de vidas eya a los esforsantes en eya i sus asufrimientes byenaventurados». I dize: «Da a tu kavesa adjuntamyento de grasya, korona de ermozura te nanparara». I dize: «Lungura de días en su derecha, en su estiedra rikeza i onra». I dize: «Lungura de días y anyos de vidas i paz, anyaderan a ti».

Grande es la Ley *Torah* porque da vida a los que la hacen[14] en este mundo y en el mundo por venir, pues así dice el versículo:[15] «Porque vidas ellas a sus hallantes, y a toda su carne medezina» y también: [16] «Medizina será a tu ombligo y bebida a tus huesos». Y también está dicho:[17] «Arbol de vidas ella a los travantes en ella y cualquiera de sus sustentadores bienaventurado». Y también está dicho:[18] «Porque unión de gracia ellos a tu cabeza, y sartales a tu garganta». Y está dicho:[19] «Longura de días en su derecha, en su izquierda riqueza y honra». Y está dicho:[20] Porque largueza de días y años de vidas y paz añadirán a ti».

---

14. A los que la practican.
15. *Véase Proverbios* IV-22: «porque es vida para los que la hallan y es medicina para su carne».
16. *Véase Proverbios* III-8: «medicina será para tu ombligo y sirope para tus huesos».
17. *Véase Proverbios* III-18 «es un árbol de vida para los que se esfuerzan en ella y bienaventuranza para los que la sostienen».
18. *Véase Proverbios* I-9 «Porque adorno de gracia serán a tu cabeza, y collares a tu cuello».
19. *Véase Proverbios* IV-9 «a su diestra vida larga de días y a su izquierda riqueza y honor».
20. *Véase Proverbios* III-2 «largura de días y años de vida y paz se te añadirán».

8.

Ribí Shimón, ijo de Yeudá, dizyen de nombrado de Ribí Shimón, ijo de Yohay: la ermozura, i la fuerza, i la rikeza, i la onra, i la sensya, i la vejez, i la kaneza, i los ijos, konvyene para los djustos i konvyene para el mundo, ke ansí dize el pasuk: «Korona de ermozura, kaneza, en carera de djustedad es fayada». I dize: «Ermozura de mancevos, sus fuerzas; i ermozura de viejos, kaneza». I dize: «I arepudiársea la luna i arejistársea el sol, ke enreyno Adonay Tzevaot en Monte de Tzión i en Yerushalayim, i enkuentra sus viejos onra».

Rabbí Shimón, hijo de Yehudá, solía decir en nombre de Rabbí Shimón hijo de Yojai: la belleza, la fuerza, la riqueza, el honor, la ciencia, la vejez, la ancianidad y los hijos son convenientes para los justos y son convenientes para el mundo, pues así dice el versículo:[21] «Corona de hermosura, caneza: en carrera de justedad será hallada». Y dice:[22] «Hermosura de mancebos su fuerza, y hermosura de viejos caneza». Y dice:[23] »Y repudiarse a la Luna y avergonzarse a el Sol, porque reinó A. Zebaot en monte de Zyon y en Jerusalaim, y escuentra sus viejos honra».

---

21. *Véase Proverbios* XVI-31: «Corona de hermosura es la ancianidad cuando se halla en el camino de la justicia».
22. *Véase Proverbios* XX-29: «La hermosura de los mancebos es su fuerza, la de los ancianos su ancianidad».
23. *Véase Isaías* XXIV-23: «Y será confundida la Luna y será avergonzado el Sol, que el Señor de los Ejércitos reinará en el Monte Sión y el Jerusalén, y delante de los ancianos habrá gloria.»

9.

Ribí Shimon, ijo de Menasya, dizyén: estas siete kondisyones ke kontaron hahamim para los djustos, todas eyas se afirmaron en Rabí i sus ijos.

Rabbí Shimón, hijo de Menasiá, solía decir: estas siete condiciones que los sabios enumeraron para los justos, todas ellas fueron realizadas en las personas de Rabí y de sus hijos.

10.

Dize Ribí Yosé ijo de Kismá: vez una era andan por un kamino i enkontró kon mi ombre uno; y dyó a mi Shalom, i torné a él Shalom. Disho a mí: Ribí, de kuál este lugar tú? Dishe a él: De sivdad grande de savyos i de eskrivanos yo. Disho a mí: Ribí, es tu veluntad ke moren kon nos en muestro lugar i yo daré a ti mil de mil de miles dinares de oro i de plata i pyedras buenas i djoyas? Dishe a él: Mi ijo, si tú darás a mi toda plata i oro i pyedras buenas i djoyas ke en el mundo, non yo moro salvo en lugar de Ley; i non más, salvo ke en la ora de su espartimyento de el ombre non akompanyan a el ombre non plata i non oro i non pyedras buenas i djoyas, salvo Ley i echas buenas tan solo; ke ansí dize el pasuk: En tu andar, guiará a ti; en tu echar, guardará sovre ti, i si te despertares, eya de avlará. En tu andar guiará a ti: en el mundo el este. En tu echar, guardará sovre ti: en el kever. I si te despertares, eya te avlará: en el mundo vinyen; ke ansí está eskrito en Sefer-Teilim por mano de David, rey de Yisrael: Mijor a mi Ley de Tu boka más ke miles de oro i plata. Y dize: A Mí la plata i a Mí el oro, dicho de Adonay Tzevaot.

Solía decir Rabí José, hijo de Kismah: una vez andaba yo por un camino cuando me encontré con un hombre que me dijo Shalom y yo le devolví el Shalom. Me dijo: Rabí, ¿de dónde eres? Le contesté: de una ciudad grande en sabios y escribas. Me dijo: Rabí, si es tu voluntad morar con nosotros en nuestro lugar, yo te daré un millón de denarios de oro, plata, piedras preciosas y joyas. Le dije: hijo mío, aunque me dieras todo el oro, la plata, las piedras preciosas y las joyas que hay en el mundo, yo no moraría sino en el lugar donde haya *Torah*, y no sólo eso, ya que en la hora en la que el hombre tendrá que partir no le acompañarán ni la plata ni el oro, ni las piedras preciosas ni las joyas, sino tan sólo la *Torah* y las buenas acciones pues así dice el versículo:[24] «En tu andar guia-

---

24. *Véase Proverbios* VI-22: «Te guiará en tu camino, velará por ti en tu sueño, y cuando despiertes te hablará».

rá a ti, en tu yacer guardará sobre ti, y quando despertares ella te hablará» «En tu andar guiará a ti»: en este mundo. «En tu yacer guardará sobre ti»: en la tumba. «Y quando despertares ella te hablará»: en el mundo por venir, pues así está escrito en el Libro de los Salmos por manos de David, rey de Israel:[25] «Mejor a mi Ley de tu boca, más que millones de oro y plata». Y dice: «mía es la plata y mío es el oro, dice el Señor de los Ejércitos».

---

25. *Véase Salmos* CXIX-72: «Mejor me es la *Torah* de tu boca que miles de monedas de oro y plata».

11.

Sinko kriansas krio el Santo Bindicho El en su mundo, i estas eyas: Ley, kriansa una; syelos i tyerra, kriansa una; Avraam kriansa una; Ysrael kriansa una; Bet-Amikdash kriansa una; Ley kriansa una, de adonde tenemos? Ke ansí está eskrito: «Adonay me krio presipio de Su carrera, antes de Sus ovras de entonses». Syelos i tierra kriansa una, de adonse tenemos? Ke ansí dize el pasuk: «Ansí dize Adonay: Los syelos Mi siya i la tierra asiento de Mi Shehiná; kuál está kaza que fraguadesh para Mí, i kuál este lugar de Mi olganza?». I dize: «Kuánto se munchiguaron Tus echas, Adonay! Todas eyas kon sensya izites, se inchó la tierra de Tus krianzas». Avraam kriansa una, de adonde tenemos? Ke ansí está eskrito: «I bendisholo i disho: bendicho Avraam a el Dio alto, krian syelos i tierra». Ysrael kriansa una, de donde tenemos? Ke ansí está eskrito: «Asta ke pase Tu pueblo, Adonay, asta ke pase pueblo éste ke kriastes». I dize: «A los santos ke en la tierra eyos, i fuerte, toda Mi voluntad en eyos». Bet-Amikdash kriansa una, de adónde tenemos? Ke ansí está eskrito: «Santyuvaryo de Adonay kompuzyeron Tus manos». I dize: «I trúsholos a termino de Su santedad, monte este krió su derecha».

Cinco creaciones creó el Santo, bendito sea, en su mundo, y éstas son: la *Torah*, una creación, los cielos y la Tierra, una creación, Abraham, una creación, Israel, una creación, el Templo, una creación. La *Torah*, una creación. ¿Cómo lo sabemos? Porque está escrito:[26] «A. Me crió principio de su carrera, antes de sus obras, desde entonces». Los cielos y la Tierra, una creación. ¿Cómo lo sabemos? Porque así dice el versículo:[27] «Así dixo A., los cielos mi silla, y la tierra estrado de mis pies: qual esta casa que fraguaréis para mí, y qual este lugar de mi holganza?» Y dice:[28] «Quanto se muchinguaron tus obras, A.! Todas ellas con sabiduría hiziste; es llena la tierra de tu possession.» Abraham, una creación. ¿Cómo lo sabemos? Porque está escrito:[29] «Y bendixolo y dixo: bendito Abram, de Dios alto criador de cielos y tierra» Israel, una creación. ¿Cómo lo sabemos? Porque está escrito:[30] «hasta que passe tu pueblo, A., hasta que pase, pueblo este que compraste». Y está dicho:[31] «Y truxolos a término de su santedad; monte que posseyó su derecha». El Templo, una creación. ¿Cómo lo sabemos? Porque está escrito: «Santuario que el Altísimo compuso con sus manos» y dice: «los llevó al término de su Santuario, a ese monte que creó su diestra.»

---

26. *Véase Proverbios* VIII-22: «El Eterno me creó al principio de Su camino, antes de Sus obras, desde antiguo».
27. *Véase Isaías* LXVI-1:«Y así dice el Eterno: los cielos son mi trono y la tierra el asiento de mi Shekinah. ¿Qué casa podríais edificarme y en qué lugar moraría yo?»
28. *Véase Salmos* CIV-24: «¡Cuánto se multiplicaron tu obras, oh Eterno, todas ellas las hiciste con Sabiduría, se llenó la Tierra de tus criaturas».
29. *Véase Génesis* XIV-19: «Y bendíjolo y dijo: bendito Abraham del Dios Altísimo, creador de los cielos y la Tierra».
30. *Véase Éxodo* XV-16: «Hasta que pase tu pueblo, oh Eterno, hasta que pase este pueblo que creaste».
31. *Véase Salmos* LXXVIII-54 «Los llevó hasta su santa frontera, al monte este que su diestra conquistó».

12.

Todo lo ke krió el Santo Bindicho El en Su mundo, non lo krió salvo por Su honra; ke ansi dize el pasuk: «Todo el yamado en Mi nombre i por Mi onra, lo krií, lo afigurí, tambyen lo hize». Y dize: «Adonay enreynará para siempre i siempre».

Todo lo que creó el Santo, bendito sea, en Su mundo, no lo creó sino para Su gloria, pues así dice el versiculo:[32] «Todo el llamado en mi nombre y por mi honra lo crié, formelo, tambien lo hize». Y dice:[33] «A. Reynará para siempre y siempre»

---

32. *Véase Isaías* XLIII-7: «Todo el llamado por mi nombre y para mi gloria Yo lo creé, lo formé y también lo hice.».
33. *Véase Éxodo* XV-18: «El Eterno reinará para siempre y siempre».

13.

Ribí Hanayá ijo de Akashyá dizyen: envelunto el Santo Bindicho El por dar zehut a Ysrael; por esto munchiguó a eyos Ley i enkomendansas, ke ansí dize el pasuk: «Adonay envelunto por Su djustedad, engrandeser la Ley i enforteserla».

Rabbí Janaiá, hijo de Akashiá solía decir: se complace el Santo, bendito sea, por dar méritos a Israel aumentó la *Torah* y los preceptos, pues así dice el versículo:[34] «A. envoluntan por su justedad: engrandecerá Ley, y enfortecerá».

---

34. *Véase* Isaías XLII-21: «El Eterno se complace por su justicia en engrandecer la *Torah* y en fortificarla».

Glosario

Abasho: abajo.
Abediguar: vivir de nuevo, resucitar.
Adovar: cortar.
Adredor: serafín.
Afalagar: consolar.
Afilu: incluso, aunque.
Afinkado: vehemente, eficaz.
Akavidado: cuidadoso.
Akoen: el sacerdote.
Alfuria: libertad.
Amé aaretz: los ignorantes de las cosas de Dios, los profanos.
Aninda: todavía.
Ansí: así.
Ansya: angustia, congoja.
Apartamyento: abstinencia, pero también santidad. El apartado o separado es el kaddosh, el santo.
Apokamyento: moderación
Atemar: destruir, exterminar, eliminar.
Atemamyente: exterminio.
Atorvarse: precipitarse.
Averot: pecados.
Avot: Antepasados.
Ayifto: Egipto.

Baldar: anular, desaparecer.
Baldía: vanidad, cosa sin fundamento.
Baragán: valiente, osado.
Baraganía: poder, fortaleza, bravura.
Burato: agujero.

Danyo: daño, perjuicio.
Derzir: decir, hablar.
Delantre: delante.
Destral: hacha.
Detenido: prudente, cauto.

Dibur: dicho, palabra.
Diezmante: que separa el diezmo.
Dizierto: desierto.
Djoya: joya.
Djuisyo: juicio.
Djuzgar: juzgar.
Dubda: duda, temor.

Escatimoso: malicioso, mezquino, tacaño.
Escombrar: limpiar, quitar los escombros.
Embeluntar: querer, desear.
Enbezar: aprender.
Enkomendansa: precepto, mandamiento.
Ensanyantes: enojosos, que provocan la ira.
Entendensya: entendimiento, sabiduría.
Espondja: esponja.
Ezbivlado: profanado.
Ezbivlar: profanar.

Firida: plaga, llaga, herida.
Foya: tumba, hoyo.

Hajamim: sabios.
Haver: amigo, compañero; a veces se traduce también como prójimo.

Ichuzo: hechizo, magia negra.
Iziedra: izquierda.

Kaal: comunidad, sinagoga.
Kaneza: ancianidad, canez.
Karera: camino, calle.

Kastigueryo: castigo.
Kehunah: sacerdocio.
Kever: tumba, sepultura.
Kisas: quizás, acaso.
Korban: sacrificio.
Koza: cosa.
Kryatura: criatura.

Lazrar: trabajar.

Mabul: diluvio.
Magna: maná.
Mankansa: falta, privación.
Meldar: leer, estudiar.
Melezina: medicina, curación.
Miskino: pobre.
Mersed: gracia, caridad.
Mitsraim: Egipto.
Mudridura: mordedura.
Muestro: nuestro.

Nesyo: necio, burro (es la traducción del hebreo *bur*).

Olmidansa: humildad.
Ombliogo: ombligo.

Pasuk: versículo.
Para modre: por amor de.
Perek: Capítulo. En el caso de los *Avoth*, dicho, sentencia, enseñanza.
Pezgado: de peso, pesado.
Pleito: pleito, disputa, controversia.
Podestanía: autoridad.

Perkantadura: encantamiento, hechizo.
Prenizmo: llenísimo, íntegro, honrado.
Prensipe: príncipe.
Presyo: beneficio, ganancia.
Puerpo: cuerpo.
Pyedra: piedra.

Queinam: infierno, gehenon.

Resivir: recibir.
Romaniso: resto, remanente.

Sanya: furia.
Sekura: sequía.
Senyorío: altivez, soberbia.
Seudá: banquete.
Sivdad: ciudad.

Tadre: tarde.
Talmid: discípulo.

Uerta: jardín, huerta.

Vagar: ocio, tiempo.
Veluntad: voluntad.
Visyo: placeres.
Vizino: vecino.

Yisurim: sufrimientos.
Yishuv: tranquilidad.

Zehut: mérito, merecimiento.
Zohé: ser merecer.